Mauro Covacich

Triest verkehrt

Mauro Covacich

Triest verkehrt

Fünfzehn Spaziergänge in der Stadt des Windes

Aus dem Italienischen von Esther Hansen

Verlag Klaus Wagenbach Berlin

Die italienische Originalausgabe erschien 2006 unter dem Titel *Trieste sottosopra* bei Editori Laterza in Rom.

Die Übersetzerin dankt dem Deutschen Übersetzerfonds für die Förderung im Rahmen eines Reisestipendiums.

MIX
Papier aus verantwortungsvollen Quellen
FSC® C014889
FSC
www.fsc.org

Wagenbachs Taschenbuch 696
Deutsche Erstausgabe
4. Auflage 2022

Umschlaggestaltung Julie August unter Verwendung einer Fotografie © glowimages, Autorenfoto auf dem Umschlag © Basso Cannarsa. Das Karnickel auf Seite 1 zeichnete Horst Rudolph. Gesetzt aus der Scala. Vorsatzmaterial von peyer graphic, Leonberg. Gedruckt und gebunden bei Pustet, Regensburg. Printed in Germany.

ISBN 978 3 8031 2696 2

Inhalt

Die gepiercte Sissi. Erscheinungen im Castello Miramare

Die Jugendlichen in der Schlange können es kaum glauben. Sämtliche Räume sollen sie besichtigen und dabei noch ihrer Reiseführerin lauschen, die kaum älter ist als sie und vollprofessionell mit Namensschild und allem vor ihnen in die Höhe ragt. Sie kommen aus Ungarn, und sie sind müde. Die Busfahrt von Pécs hierher hat mindestens fünf Stunden gedauert, Pinkelpausen exklusive. Sie würden viel lieber draußen bleiben, auf der Wiese Frisbee spielen, sich unter die Pinien legen und Handy-Fotos voneinander machen, doch nun steht der Museumsbesuch auf dem Programm. Für den Nachmittag ist als Entschädigung eine mehrstündige Shoppingtour durch die Torri d' Europa geplant, das neue Einkaufszentrum in Form eines Aztekenmausoleums, in das die Konsumenten aller Herren Länder busseweise strömen. Doch jetzt ist die Kultur an der Reihe. Dort dräut sie schon hinter den »auf alt gemachten« Glasscheiben. Inzwischen befindet sich eine andere Reisegruppe, Genueser Rentnerinnen mit Dauerwelle und Regenjackenbeutel um den Bauch – man kann nie wissen –, schon in Phase eins, und eine andere Führerin ist bereits in voller Fahrt: »Das Schloss Miramare und seine Parkanlagen entstanden auf dem Felsvorsprung des Karsts in der Bucht von Grignano nach Willen des Erzherzogs Ferdinand Maximilian von Habsburg (1832–1867), dem jüngeren Bruder des österreichischen Kaisers Franz

Joseph I. Bitte, treten Sie näher, ja bitte, hier herüber. Nach den Entwürfen Carl Junkers von 1856 wurde der äußere Bau 1860 fertiggestellt. Die Innenausstattung besorgten Franz und Julius Hofmann, die sie erst nach Maximilians Abreise nach Mexiko 1864 abschließen konnten. Nachdem Maximilian zum Kaiser von Mexiko ernannt worden war, wurde er 1867 in Queretaro erschossen. Als einer der wenigen Adelswohnsitze, die unverändert erhalten geblieben sind, repräsentiert das Schloss mit seiner eklektischen Einrichtung und Ornamentik den Wohngeschmack der Mitte des neunzehnten Jahrhunderts, an einem Ort, wo mediterrane Lebensart sich mit der Atmosphäre typisch nordischer Ausprägung vermählt.« Über das unglückliche Schicksal der Schlossbewohner geht die Führerin geflissentlich hinweg: er, der den mexikanischen Kugeln entgegengeht, ohne die heimischen Vergoldungen und Diwans überhaupt genossen zu haben; sie, die als Witwe zurückbleibt und vor Langeweile und Schmerz verrückt wird (vor allem vor Langeweile). Unerwähnt lässt die Führerin Charlottes Wahn, genauso wie das landläufige Gerücht, dass Charlottes angebliche Umnachtung nur eine ausgefuchste Methode des Hofes war, ihre Sympathien für den Kommunismus auf möglichst diplomatische Art unter Verschluss zu halten.

Die Jugendlichen aus Pécs sind nun bereit hineinzugehen, in einer wabernden Wolke schafsgleicher Ergebenheit schieben sie sich in das Halbdunkel der Kasse. Manche werfen einen letzten Blick auf die Türmchen und Zinnen, auf die beruhigend vertraute Fassade. Denn tatsächlich sieht das Castello exakt so aus, wie man sich ein Schloss vorstellt, oder besser gesagt, wie es ein Kind mit vielleicht zehn Jahren malen würde. Schneeweiß, völlig intakt, hübsch mittelalterlich, mit Umrissen und Flächen wie aus dem Scherenschnitt. Mehr wollen sie gar nicht, die Ungarn, als es weiter von außen anzuschauen – davor zweiundzwanzig Hektar wunderschöner, sanft ansteigender Park, von dem aus man einen tollen Blick auf das Meer und den Felsen hat, und dann allen möglichen Leuten SMS schicken oder mit Kopfhörern faulenzen oder die Klassenkameradinnen bezirzen und im Notfall, okay, auch weiter die Schlossfassade von außen bewundern – aber nein, jetzt geht's hinein, ohne Kultur kein Shoppen im Einkaufszentrum.

Hinter ihnen, zwischen dem mit Blumen bepflanzten Brunnenrand und den Vorboten der nächsten, noch nicht komplett versammelten Reisegruppe, rennen zwei junge Frauen in Laufklamotten vorbei. Mehr als ein Kopf dreht sich nach ihnen um. Dunkelhaarig, für Anfang April schon ordentlich gebräunt, die festen Pobacken in kurzen Jogginghosen, Piercing im Nabel, stabil gehalten im Netz der Bauchmuskulatur. Zwei Triestinerinnen – nicht mehr ganz jung bei näherem Hinsehen – in der Mittagspause.

Wer von denen, die sich nach den Frauen umgeblickt haben, tat dies aus instinktiver Anziehung, wer aus dem Schock heraus, das aristokratische Salonbild des Sissi-und-Operetten-Triests, mit dem sie angereist sind, gestört zu sehen? Ich frage mich das, weil ich viele Menschen kenne, die mir nach ein paar Tagen Triest gebeichtet haben, wie enttäuscht sie seien. Auf den ersten Blick scheint alles den Erwartungen zu entsprechen, und man hat das Gefühl, jeden Augenblick müsse Romy Schneider in einer Kutsche vorbeifahren, dann fängt man an zu begreifen – wie es auch diesen Ausflüglern gerade ergeht, die von der poppigen Brise der zwei Läuferinnen mitgerissen werden –, dass das Klischee nicht der Komplexität der wirklichen Stadt gerecht wird. Darin besteht kein Widerspruch. Oder besser gesagt, die wahre Identität Triests liegt genau in der Widersprüchlichkeit seiner Natur. Sissi zum Beispiel, die schöne Sissi, die oft nach Miramare kam, um ihre verrückte Schwägerin zu besuchen, trieb zwei Stunden am Tag Sport. Sie liebte lange Spaziergänge, auch außerhalb des Parks und stets ohne Eskorte (so auch an jenem frischen Septembermorgen 1898, als sie von dem Anarchisten Luigi Lucheni auf der Uferpromenade des Genfer Sees mit einer Feile erstochen wird). Auf Schloss Schönbrunn trainierte Prinzessin Sissi an den Ringen. Sie hatte sie in einem mit Spiegeln verkleideten Zimmer anbringen lassen und dabei höchstwahrscheinlich äußerst kostbare Stuckdecken durchlöchert. Sie war eine Diät-Fanatikerin, wahrscheinlich die erste Vertreterin des Anorexie-Styles, dieser ausgezehrten Empfindsamkeit, die man in Veganer-Restaurants von Soho antrifft. Außerdem erlaubte sie sich die Laune einer Tätowierung. Kurz, die wahre Sissi war genau wie die Stadt Triest nicht die, die man sich immer vorstellt, sie war nicht Romy Schneider und auch nicht die alte Signora, die bis vor einigen Jahren als Grande Dame, herausgeputzt im Stil des 19. Jahrhunderts, durch das Zentrum Triests geisterte. Nein, Sissi ist wie Triest eine junggebliebene Vierzigjährige unserer Tage, tätowiert, trainiert, gesundheitsbewusst, die ich mir ohne Weiteres auch depiliert, gebräunt und, warum nicht, mit einem Piercing im Bauchnabel vorstellen kann wie die zwei Läuferinnen von eben.

Ich dringe in den höheren Teil des Parks vor, der bis zu der kleinen Bahnstation von Grignano aufsteigt, dabei den in den Felsen gegrabenen Tunnel überquert, durch den die Küstenstraße führt, um schließlich in ein breites Wäldchen mit hohen Bäumen zu münden, das langsam immer sanfter, immer lichter wird. Hier ändert sich das Publikum. Es besteht hauptsächlich aus Ausländern, die aber keine Touristen sind. Es sind Wissenschaftler der Sissa, der Internationalen Hochschule für weiterführende Studien. Mathematiker, Physiker, Astronomen, Genetiker, Neurobiologen, vor allem aus dem fernen Osten, spazieren mit ihrem Lunchpaket, das sie wie ein Neugeborenes an sich drücken, durch den Wald, um dem Gehirn ein wenig Frischluft zu gönnen, bevor es wieder in den hübschen Gebäuden mit den glitzernden Fensterscheiben ausgepresst wird, dort oben zwischen den steilen Haarnadelkurven der Via Beirut. Die Institute der Sissa sind quasi die Wiege von Nobelpreisträgern und Forschern, die es werden wollen. Man hätte Lust, die Radioaktivität der Gegend zu messen, angesichts der geballten Hochintelligenz, die dort am Werk ist. Ich meine fast, die Hyperproduktion der Gehirne zu fühlen, das elektromagnetische Feld aus Formeln und Gedanken, das ich betrete. Mit einem Kopfnicken grüße ich einen Inder, der auf einer Bank sitzt, und er antwortet mit einem Lächeln. Auf dem Schoß hält er eine Schüssel, aus der er mit den Fingern eine Art Müslimischung fischt. Wer weiß, vielleicht bietet die Mensa der Sissa eine spezialisierte Küche mit verschiedenen »ethnischen« Gerichten an, oder dieser indische Wissenschaftler hat sich heute Morgen zu Hause das Essen selbst zubereitet. Am liebsten würde ich ihn fragen. Im Übrigen ist einer der Nobelpreisträger, zudem ein Mathematiker, ein Inder, wenn ich mich nicht irre. Doch dann kommen mir zwei andere entgegen, dem Äußeren nach Chinesen, und ich versäume den richtigen Moment, die Prise

Unverschämtheit, die es braucht, um diesen Inder zu stören, während er seinem Gehirn und dem ihm Herberge gewährenden Körper die nötige Nahrung zuführt.

Sie haben eine überaus prestigeträchtige Präsenz in Triest, die Wissenschaftler der Sissa, und doch scheinen sie außer bei formellen Anlässen keine Rolle für das Bild zu spielen, das die Stadt von sich zeichnet. Sie leben in ihrem nach Harz duftenden Exil, zwischen den Fakultäten und dem Pinienhain von Miramare. In der Stadt sieht man sie kaum, und sie finden keinerlei Eingang – völlig unfreiwillig, glaube ich – in das mitteleuropäische Gemälde, das die Touristen gern in jeder urbanen oder menschlichen Teilansicht des innerstädtischen Lebens entdecken.

Triest ist die perfekte Metonymie für Mitteleuropa – habsburgisches Erbe, Sammelbecken der Rassen, Vielsprachigkeit und vor allem eine äußerst starke und stark europäisch konnotierte Literaturgeschichte – wer Triest sagt, hat all das im Sinn. Wenn man jedoch heute hier wohnt, zu Beginn des einundzwanzigsten Jahrhunderts, hat man eher den Eindruck, die mitteleuropäische Kultur und damit die »Triestinità« habe in ihrem literarischen Selbstverständnis nicht nur ihr Alleinstellungsmerkmal, sondern auch ihr eigenes Gefängnis gefunden. Mit anderen Worten glaube ich, dass Mitteleuropa nicht nur aus mitteleuropäischen Büchern besteht, die ein mitteleuropäisches Bild zeichnen, sondern vor allem aus mitteleuropäischen Menschen, die jeden Tag aufstehen, frühstücken, zur Arbeit oder zur Uni gehen und so weiter, und ich glaube nicht, dass das Literarische allein diesem Phänomen gerecht wird. Wenn sich, wie ich hoffe, die Literatur aus dem Leben speist und nicht umgekehrt, dann sollte man viel eher wahrnehmen, um wie viel reicher, vielschichtiger und vielleicht auch spannender das Leben in Triest im Gegensatz zu den Stereotypen ist, die ihm schmeicheln, es aber in einen Käfig sperren. Dieser wunderschöne Park, der so liebevoll von den Gärtnern Maximilians von Österreich angelegt wurde, wird heute von indischen Mathematikern und Marathonläuferinnen in Gogo-Girl-Outfit bevölkert. Meine Stadt ist jetzt eine Sissi im Lycra-Body. Es ist eine weniger klar definierte Stadt, vielleicht nicht mehr aristokratisch, aber ganz sicher immer noch lebendig. Sie ist eine Sissi mit Piercing, mit kobaltblauen Haaren und einem Salamander-Tattoo auf dem Hals. Sie hat noch die feingliedrigen Hände einer Prinzessin, kaut aber an den Fingernägeln.

Bei genauerer Betrachtung handelt es sich nicht einmal um eine Veränderung aus jüngerer Zeit, den üblichen Synkretismus, den man der Epoche zuschreibt. Neben dem österreich-ungarischen Triest hat es immer auch das andere Triest gegeben. Neben der Stadt der literarischen Cafés, der gemessenen Freundschaft zwischen Svevo und Joyce, gab es eine andere Stadt, weich, ungezwungen, schelmenhaft, mit brasilianischer Carioca-Note. Es gibt zum Beispiel die Uferpromenade von Barcola, wo die Leute sechs Monate im Jahr in der Sonne liegen und noch im Oktober im Meer baden. Es gibt einen althergebrachten moralischen Hedonismus bei den Triestinern. Und auch einen modernen Vitalismus nach Art des kalifornischen Easy-Goings. Eine Liebe zum Leben, welche die Einwohner von Venedig oder Udine mit Genusssucht verwechseln, nur weil sie nicht mit dem Produktions- und Profitstandard des Nordens konform geht. Nicht umsonst bezeichnen viele von ihnen Triest als Neapel des Nordens.

Tatsächlich – Rio, Kalifornien, Neapel –, dieses Triest und diese Triestinità haben so gut wie nie den Weg zwischen zwei Buchdeckel gefunden, sind nie Literatur geworden. Dabei hatte die Reiseführerin der Genueser Seniorinnen wirklich Recht, als sie sagte: »An diesem Ort vermählt sich die mediterrane Lebensart mit der Atmosphäre typisch nordischer Ausprägung.« Während ihr also die Spitzen und Kronleuchter in Charlottes Zimmern bewundert, wie die armen Jugendlichen aus Pécs, vergesst eines nicht: Sucht ein Fenster, schaut hinaus, auf die Sonne, das Meer, und bedenkt, dass Triest eine mediterrane Stadt ist, die südlichste Stadt Nordeuropas.

Ich laufe den Pfad entlang, der sich über die westlich gelegenen Wiesen zwischen den natürlichen Balkonen oberhalb der Bucht von Grignano hinabschlängelt. Zwischen den Rucksäcken der Schulschwänzer blinkt das junge Gras, und die frühjährlichen Jauchzer verdichten sich, dass sie fast zu greifen sind. Die Jugendlichen spielen Karten und Fangen, und sie lachen, lachen wie die Verrückten – vor allem die Mädchen, die zu zweit flanieren, lästern, so tun, als müssten sie mit einer Hand Nachstellungen abwehren, während die andere fest das Handy umklammert – und atmen gierig so viel junge Luft ein, wie sie in diesen ersten Apriltagen bekommen können. In Miramare blau zu machen ist ein Muss für jede Generation, die Triestiner lieben diesen Park ihr Leben lang und gehen hier noch als Erwachsene spazieren, sie machen aus ihm einen der wenigen Orte, wo Touristen und Einheimische aufeinandertreffen, wenn auch nur zufällig.

Vor meinem Weg nach draußen bleibe ich einen Moment auf der kiesbedeckten Fingerkuppe oberhalb von Grignano stehen. An das Geländer mit den Münzfernrohren gelehnt, bewundere ich die fein säuberlichen Tischreihen auf den Terrassen der Bars, die in die Nacken gelegten Köpfe, diesen Rausch aus sonnenhungrigen Hälsen, und dann den kleinen Hafen, einen Mann, der sein Großsegel einholt, das schicke Restaurant, wo die Pinien bis unters Dach wachsen, weil niemand sie kappen will. Weiter hinten, mit bloßem Auge noch erkennbar, das Strandbad Bagno Riviera, mit seiner zwanzig Meter hohen Zementröhre, durch die der Gast bequem im Aufzug bis auf den Strand hinunter fahren kann und die den Zauber der grün-braunen Küstenlandschaft durchbricht. Man sieht Arbeiter, die die Hütten anstreichen. Auch ich habe dort zwei Jahre lang gearbeitet, in dem Strandbad. Der Frühling ist die schönste Jahreszeit für einen Bademeister, wenn die Dollen repariert werden, die Kettenzüge geölt, die Toiletten von Sand und Blättern befreit, die Algen von den Stufen abgekratzt, die Piniennadeln aus den Dachrinnen gekehrt werden, wenn du mit baumelnden Beinen auf der Mole sitzt und mit den anderen Frühstückspause machst, wenn es noch nicht richtig heiß wird, noch kein Betrieb herrscht und es noch nicht so richtig losgeht. Danach dann kommen die Schichten auf dem Boot, man schwitzt, schleppt, es kommen die Trinkgelder und die Mädchen, klar, die Mädchen auch, aber alles erst später – jetzt ist April, und die Strandhütten werden gestrichen.

Grignano ist in der Tat der letzte sandige Abschnitt der Adriaküste. Das Meer schwappt zwar nicht auf Sandstrand – die Zugänge sind alle zementiert –, doch im Wasser stehst du auf dem gleichen Sand wie in Rimini. Ab Miramare wird der Untergrund felsig, endgültig felsig bis an Istrien und Dalmatien vorbei, wie zum Zeichen, dass hier ein anderes Meer beginnt, hell, kristallklar – und vielleicht auch ein anderes Land. Grignano ist der letzte Meter Westen. Genau hier unterhalb des Geländers von Miramare, an dem ich lehne, beginnt Triest, mit seinen Felsen, Winden, Farben aus einer Welt, die nicht wirklich exotisch, aber den Venetern und Romagnolen doch wenig vertraut ist.

Ich kann nicht sagen, ob sich im Gedränge des Hauptparkplatzes auch die Ungarn tummeln. Die Damen aus Genua jedenfalls sind da, man erkennt sie leicht an ihren Regenjacken und der fast einhelligen mattblauen Dauerwelle. Manche tragen den Museumskatalog unter dem Arm. Ihre Stimmlagen haben sich eine Oktave in die Höhe geschraubt in froher Erwartung des bevorstehenden Highlights: das große Fischessen in einem der hundert Restaurants für Reisegruppen, mit denen die Küste von hier bis zum Grenzübergang bei Rabuiese übersät ist. Ich sehe Reisebusse aus Österreich, viele aus Italien, einen aus Tschechien. Den aus Pécs kann ich nicht entdecken. Gern würde ich das als ein gutes Zeichen für die ins Schloss verschleppten Jugendlichen werten. Ich will mir gar nicht ausmalen, wo sie ihre mitgebrachten Lunchpakete auspacken dürfen. Auf dem Bahnhofsvorplatz? In einer Raststätte auf der Umgehungsstraße? Ich weiß, wohin ich sie geführt hätte. Ich drängele mich durch die Menge und stelle mir vor, sie bei mir zu haben. Jetzt bin ich ihr Reiseführer. Nach zwei-, dreihundert Metern können wir wieder frei ausschreiten, ohne andere anzurempeln – begleitet von anderen Sissis, die laufen, Sissis auf Inlinern, Sissis auf Fahrrädern –, hier sitzen die Touristen meist schon wieder in den Bussen, sie sehen nicht die weißen Straßen, den mächtigen Leib der Stadt, der sich frontal vor ihnen ausbreitet, zu frontal, um vorbeizufahren. Bei der

Carabinieri-Kaserne – wo die wahrscheinlich glücklichsten Carabinieri Italiens wohnen – gibt es einen kleinen, bezaubernden Strand, der noch in den Gewässerschutz des Parks fällt und daher Badegästen nicht zugänglich ist. Als ich in der letzten Grundschulklasse war, kam unsere Lehrerin mit uns eines Morgens Ende Mai hierher, um den Strand zu säubern. Handschuhe, Plastiksäcke und los ging's. Es war 1976, eine Zeit, in der Umweltschutz noch irgendwie bahnbrechend und unerhört war, zumindest in Italien. Meine Lehrerin war dreiundzwanzig und gebürtige Florentinerin. An diesem Morgen nahmen ich und vier andere Lausejungen heimlich ein Bad im Meer. Umberto fielen dabei die Wanderschuhe ins Wasser, und er schrie wie am Spieß, weil seine Füße nicht mehr hineinpassten. Nie werde ich den Schrecken der Lehrerin vergessen, als sie uns in Unterhosen dort stehen sah, fröstelnd, während Umberto verzweifelt mit den Schuhen rang. Sie versuchte ihm zu helfen und brach ebenfalls sofort in Tränen aus. Es war, als wollte sie ihre ganze Verantwortung in die Schuhe pressen, doch die waren zu eng geworden, und die Verantwortung war einfach zu groß, um hineinzupassen. Wenn Susanna Montecalvo jemals diese Zeilen lesen sollte, soll sie wissen, dass ich an diesem Vormittag begriff, was es heißt, einen Fehler zu machen, und dass sie für mich, so klein und blond, wie sie war, immer eine Riesin in Sachen Erziehung bleiben wird.

Und jetzt frage ich mich, inwieweit diese junge Frau aus Florenz in die Stadt integriert war, ob sie einen Triestiner Freund hatte, ob er ihr das Geheimnis dieses Ortes verraten hatte. Ich würde es meinen ungarischen Jugendlichen sofort zeigen. Während sie also einen Meter vom Meer entfernt an ihren Broten knabbern, würde ich sie bitten, sich umzudrehen und den Felsen in Ananas-Form anzuschauen, der etwa zehn Meter weiter gegenüber der Kaserne aufragt. Es scheint absolut unmöglich, dort oben zwischen den Büschen Platz zum Stehen zu finden, ohne abzustürzen, und doch – Überraschung! – gibt es obendrauf eine Art natürlichen Sattel, wie gemacht, um dort zu liegen … zu zweit. Meinen ungarischen Jugendlichen würde ich erklären, dass man auf der Seite zum Meer hin, also auf der abgewandten Seite, ganz leicht hinaufklettern kann. An Sommerabenden ist es dort wie auf einer einsamen Insel – im Hintergrund die schimmernden Lichter der Stadt und die Sterne im schwarzen Himmel –, wie auf dem Büschel einer gigantischen Ananas, die jemand im Nirgendwo vergessen hat, dabei ist man nur wenige Schritte vom Busparkplatz und der Kaserne entfernt. Natürlich kann sich ein Pärchen da oben einfach ein bisschen unterhalten – das sollte ich meinen ungarischen Jugendlichen sagen –, doch das passiert wohl eher selten, wenn man sich die Gesichter der Herabsteigenden genauer ansieht. Ja, am liebsten würde ich zu ihnen sagen: Kehrt in ein paar Jahren mit eurer Liebsten hierher zurück, und wenn ihr unten kein parkendes Auto seht (das übliche Besetzt-Zeichen), stellt euren Wagen ab und macht euch einen schönen Abend dort oben. Auf dieser Ananas findet ihr viel mehr Triest als in den Räumen, die ihr gerade besichtigt habt.

Bora in San Luigi

Stellt euch vor, ihr habt Glück. Glück, weil ihr das klassische letzte Aufbäumen des Winters miterleben dürft. Vielleicht seid ihr gerade zu einem ersten Frühlingsausflug aufgebrochen, schon findet ihr euch inmitten einer Sturmböe von hundertzwanzig Stundenkilometern wieder. So war das aber nicht geplant an diesem 11. April, werdet ihr denken, während ihr mit klappernden Zähnen in einer Unterführung oder Einkaufspassage Schutz sucht. Dabei habt ihr Glück, ihr dürft einen Tag mit Bora erleben. Also nicht verzagen, rein ins nächste Kaufhaus, eine Windjacke kaufen (gerne auch beim Chinamann, wenn die Kosten das Problem sind) und dann mir nach.

Die Bora ist vielleicht das Phänomen, für das Triest am bekanntesten ist, zumindest in medialer Hinsicht. Wann immer sich eine größere klimatische Veränderung ankündigt, rufen die Fernsehnachrichten eiligst den »Kältenotstand« aus, und beim Schnelldurchlauf durch die betroffenen Städte taucht unausweichlich auch die Videoeinspielung aus Triest auf, mit dem von Windböen gepeitschten Molo Audace, auf dem ein Journalist die Stellung hält und sein immer gleiches »Bora in Triest« in den Wind schreit. Im Einspieler sieht man stets die gleichen alten Frauen, die sich an die Handläufe klammern, immer die gleiche Signora, die mit ihrem Regenschirm kämpft, immer die gleichen schaumgebauschten Wellen im aufgewühlten Meer. Dabei ist nicht nur amüsant, dass seit zehn oder gar zwanzig Jahren sämtliche Nachrichtensender des Landes stets denselben Einspieler bringen, sondern auch, dass in Triest zum Zeitpunkt der Meldung ganz oft überhaupt kein Kältenotstand herrscht, von Bora-Alarm ganz zu schweigen. Das habe ich rein zufällig festgestellt, als ich einmal nicht in der Stadt war und mit meiner Mutter telefonierte. »Mama, ist bei euch Bora?« »Ach was, Bora! Ja, ja, ich habe es auch in den Nachrichten gesehen, aber hier geht kein Lüftchen«, und das mehr als einmal. So dass die Bora für mich auch eine Art virtueller Sensor geworden ist, eine Art Wetterstation für die Glaubwürdigkeit von Informationen. Damit will ich zwei Dinge sagen. Erstens, solltet ihr irgendeinen Zweifel an eurer bevorzugten Nachrichtensendung hegen, ruft, wenn sie wieder einmal »Bora in Triest« verkündet, einfach meine Mutter an und überprüft die Meldung: Ist sie falsch, sind möglicherweise alle falsch. Zweitens, die Bora ist ein eher rares Naturphänomen und – das will ich euch heute zeigen – keineswegs partout unheilvoll.

Von den Kolonnaden in der Via Battisti nehmen wir die Buslinie 26 und fahren nach San Luigi hinauf, in das Stadtviertel, wo ich aufgewachsen bin und das am stärksten dem Wind (jeglichem Wind) ausgesetzt ist. Die Bora entsteht durch Verschiebungen von Luftmassen, an denen Druckveränderungen schuld sind. Ausgelöst durch das Aufeinandertreffen zweier Klimazonen, die des Nordens und die des Südens, spiegelt die Bora gemäß dem, was im vorigen Kapitel gesagt wurde, geradezu perfekt den Geist dieser Stadt wider. Triest liegt am äußersten Rand eines warmen Meeres, das auf das Festland drückt, und in seinem Rücken hat es das kalte Hinterland. Sprunghafte

Veränderungen von Luftdruck und Temperatur bestimmen den Zufluss trockener Luftmassen aus Mitteleuropa. Die Bora kommt von Nordosten, strömt wie in einem Windkanal durch den Pass von Postojna und gewinnt im Gassengewirr der Stadt an Kraft und Tempo. Wenn sie so bläst wie heute, verstärken die Schiffe ihre Vertäuung, die Stadtverwaltung spannt an zentralen Punkten Halteleinen, die Motorroller liegen als wilder Wust auf den Bürgersteigen, von den Dächern regnet es Ziegel, und natürlich rollen überall Müllcontainer durch die Straßen. Allerdings hört man selten jemanden klagen. Die Triestiner haben mittlerweile eine ganze Reihe geflügelter Worte für die heilsame Wirkung der Bora. Darin kommt die Vorstellung zum Ausdruck, der Wind stärke nicht nur den Körper, sondern auch den Charakter. Dass die Bora Krankheiten mit sich nimmt. Dass sie eine Nymphe des Karsts sei mit irgendwie gearteten Schutzkräften. Dass sie Stimme und machtvoller Atem der Stadt sei. Sicher ist jedenfalls eins: Spürt ihr die saubere Luft heute? Spürt ihr dieses Kribbeln in der Nase? Habt ihr jemals einen so hohen, strahlenden Himmel gesehen? Einen Himmel wie lackiert? Ganz davon abgesehen, dass man mit der Bora wirklich Spaß haben kann.

Der Bus lässt uns in der Via Biasoletto raus. Vor uns liegen in Form eines Angelhakens die Gebäude des ICAM, des Städtischen Instituts für Kleinstwohnungen. Hier lebten meine Großeltern väterlicherseits. Entworfen im Jahr 1912 von den Bautechnikern des Instituts, ist es in seiner schlichten Bescheidenheit bis heute ein Denkmal des gelungenen Städtebaus, aber mehr noch des gesunden Menschenverstandes der Architektur österreichischer Schule. Der Gebäudekomplex besteht aus sechs Häusern à vier

Stockwerken, die in der Höhe gegeneinander versetzt sind und so der natürlichen Bodenneigung folgen. Auf jeder Etage liegen vier Zweizimmerwohnungen, die Fenster nach beiden Seiten haben zwecks besserer Durchlüftung nach den Vorgaben der damaligen Hygienetheorien, und alle, wirklich alle haben ein *eigenes* WC. Es waren Armenunterkünfte, Sozialwohnungen in einer Gegend, die zum Stadtviertel des Triestiner Proletariats werden sollte, und dennoch verfügten sie allesamt bereits Anfang des zwanzigsten Jahrhunderts über ein Bad in der Wohnung. Und nicht nur das: Sie waren mit größter Sorgfalt verputzt, mit dekorativen Elementen verziert, die Balkone hatten schmiedeeiserne Geländer, Sockel und Kanten waren bossiert, der Innenhof hatte weitläufige Terrassenanlagen, rote Holzbänke und einen hübschen Rasen. Noch heute sieht man auf den ersten Blick, dass es sich an diesem Ort gut wohnen lässt. Vielleicht war der planende Architekt (Ludovico Braidotti) nicht der genialste seiner Zunft, doch ihm stand klar vor Augen, dass hier Menschen leben würden. Menschen, die zusammen essen, sich die Zähne putzen, streiten, ein Nickerchen machen. Menschen, Bewohner, Leute, die das Recht haben, in behaglichen Wohnungen zu leben. Solche Gebäude sind wie die Bora ein Schnittpunkt der beiden Seiten Triests, der warmen und der kalten, der ästhetischen und der moralischen, der des Vergnügens und der von Recht und Gerechtigkeit.

Aus dem Fenster im dritten Stock beobachtete meine Großmutter abends immer die Bushaltestelle, wo wir gerade ausgestiegen sind. Das war ihre Art zu entspannen. Sie betrieb zu Hause eine Art Mini-Friseursalon. Als brave Süditalienerin – Nonna Lisa stammte aus Muro Lucano in der Basilikata – tat sie, was sie konnte, und war sehr stolz, dass sie auch Kunden aus dem Zentrum hatte. »Aus der Stadt«, sagte sie immer. Um fünf Uhr nachmittags machte sie Feierabend, richtete sich am Fenster gemütlich ein und rauchte. Sie war eine ganz kleine Frau, sehr melancholisch und sentimental. Mein Großvater hatte sie mitgebracht, als er aus dem politischen Exil nach Hause zurückkehrte, da war sie gerade mal achtzehn. Sie hatte die Schule abgebrochen und sich dann in Triest als Friseurin ohne Lizenz und mit einem stalinistischen Don Juan als Mann wiedergefunden. Wer weiß, was sie hinter dieser Fensterscheibe sah, wenn sie hinausstarrte. Vielleicht die vielen Wege, die sie im Leben nicht eingeschlagen hatte. Vielleicht auch nur die Haltestelle. Und gewiss waren ihre liebsten Abende die mit Bora. Dann machte sie es sich am Fenster bequem – mit einem Kissen im Rücken und der Caffettiera zu sechs Tassen neben sich – und freute sich auf das Spektakel. Wenn die Leute aus dem Bus stiegen, kringelte sie sich vor Lachen. Die einen umarmten den Laternenpfahl, andere krochen auf allen vieren voran, während wieder andere sich gegenseitig an den Händen hielten, wie man es von Bildern mit Fallschirmspringern kennt, und immer gab es jemanden, dem es die Beine wegriss. Einige Jahre später sollte ich eine große Vorliebe für bestimmte Fernsehsendungen entwickeln, bei denen ich über genau die gleichen Slapstick-Szenen lachte wie meine Oma damals, und dies waren die Gelegenheiten, bei denen ich sie auf unserem Sofa mehr vermisste denn je.

Im Hof der Via Biasoletto, mittlerweile aus unerklärlichen Gründen asphaltiert, habe ich fast alle regenfreien Nachmittage meiner Kindheit verbracht, vom Vorschulalter bis zu den Zeiten, als ich das Jugendzentrum für mich entdeckte (eine nicht minder wichtige Triestiner Einrichtung, die wir später noch kennenlernen werden). Das war meine Paulstraße. Auf diesen früher grünen Flächen habe ich die Spiele meiner Kindheit gespielt, und zwar genau in dieser Reihenfolge: Vater-Mutter-Kind, Barbie und Ken, Tarzan (an den T-Stangen mit den Wäscheleinen), eine endlose Reihe von *sesa* genannten Hüpkästchen-Spielen (*sesa color, sesa cuceti, sesa in alto* und so weiter), Papagei, wie viel Uhr ist es?, Ball an die Wand, Verstecken, Fußball, Laternen abschießen; und natürlich habe ich mich mit meinen Freunden – und Freundinnen – wegen jeder Kleinigkeit geprügelt (eine Angewohnheit, die sich in der Jugend und im Freizeitzentrum, wenn möglich, noch verstärkte). Wir waren immer ein ganzes Heer von Kindern, ein Rudel Rotznasen, die nach dem Mittagessen von ihren Familien losgelassen wurden in der Hoffnung, dass sich das Höllenspektakel, das wir einzeln in der Wohnung veranstaltet hätten, im kollektiven Rabatz irgendwie neutralisieren würde.

Ich sagte – bitte beachten – an den »regenfreien« Nachmittagen, nicht an »borafreien«. Wenn die Bora tobte, zog man sich einfach dicker an, so wie heute; man blieb nicht zu Hause. Es waren ganz besondere Nachmittage, denn bei Orkanböen von bis zu hundert Stundenkilometern kann man natürlich nicht viel spielen. Doch es kommt immer der Moment, an dem die größeren Kinder ihre unendliche Überlegenheit nutzen und etwas Neues ersinnen oder sich, wie in diesem Fall, eine Heldentat ausdenken, die sämtliche Gruppenhierarchien auf den Kopf stellt und alte Ränge durch neue ersetzt. Auf der Rückseite der ICAM-Häuser verlief die Via Marchesetti. Das ist eine nicht besonders steil abfallende, schmale Straße, die zwischen der durchgehenden Häuserwand und dem Stadtwald *Boschetto del Cacciatore* ein natürlicher Tunnel wird, besser noch eine sehr lange Halfpipe, eine Skateboardbahn, in welche die Sturmböen geballt hineinströmen und alles vor sich herschieben, was sie erwischen, inklusive Kinder in fledermausartig geöffneten Parkas ... Das war das neue Spiel: Man musste versuchen, sich wie auf Flügeln die Straße hinabtreiben zu lassen, ohne auf der Nase zu landen, oder aber – die zweite Spielvariante – sich dem Wind entgegenzustemmen, ohne einen Schritt zu weichen. Es muss kaum gesagt werden, dass dies einen Riesenspaß macht. Die leichteren von euch würden vielleicht nicht unbedingt fliegen, aber eventuell kurz den Bodenkontakt verlieren, das schon. Wenn ihr es aber lieber nicht versuchen wollt – darin besteht ja der einzige altersbedingte Vorteil gegenüber Kindern, dass Erwachsene sich ohne Gesichtsverlust (oder sagen wir ohne allzu großen Gesichtsverlust) einer Sache entziehen dürfen –, dann könnt ihr euch immer noch am Straßenrand postieren und wie Surfer auf die richtige Welle warten, um euch dann, wenn die Bora kommt, mit dem Gesicht auf den Boden zu werfen und zu lauschen, wie sie wild durch den Wald heult, wie sie in eure Nase fährt, ins Gehirn, euch den Atem raubt. Bitte haltet mich nicht für einen fanatischen Spinner, dieser kalte Apriltag ist wirklich ein Glückstag, wie ihn nur wenige erleben. Geht nicht an ihm vorbei, verschanzt euch nicht vor der Bora, das sage ich nur für den Fall, dass ihr hier bei mir seid oder für irgendwann in der Zukunft einen Besuch plant – natürlich dick eingemummelt.

Noch einmal San Luigi, vom Freizeitzentrum in die Osteria

Ein Stück unterhalb des Wohnblocks in der Via Biasoletto, immer dem Bürgersteig folgend – hört ihr Nonna Lisas Mahnruf, Kopf in der Tür, Lockenwickler in der Hand, Fluppe im Mund: »Bleib auf dem Bürgersteig!« – erhebt sich in seiner unübersichtlichen Weite das Freizeitzentrum Lucchini. Zwei Volleyballfelder, eine Fläche für Spiele wie Eckball, ein halbes Fußballfeld mit einem Tor ohne Netz, vier Bahnen für Wettläufe, natürlich alles asphaltiert. Weiter hinten ein Garten mit Bäumen (genannt »la campagnetta«), wo in den heißen Mittagsstunden des Sommers gespielt wird, wenn den Erwachsenen das Atmen schwer fällt und die Kinder ihr Toben zumindest in den Schatten verlegen. Drinnen, direkt hinter dem gefürchteten Büro des Direktors, gehen zu beiden Seiten des Flurs Zimmer fürs Lernen und für die Freizeit ab. Ein Raum für Schulaufgaben, ein Musikzimmer, eine ehemalige Schreinerwerkstatt (jetzt Informatiklabor), ein großer Raum mit Tischtennisplatten und Tischfußball (der sich an besonderen Theaterabenden leicht in einen Veranstaltungssaal verwandeln lässt). Von dem Saal erreicht man durch eine Art langen Schlauch, der – neuerdings saniert – zu meiner Zeit ein wahrer Ratten-Albtraum war, die Turnhalle.

Ja und?, werdet ihr sagen. Was ist daran neu? Der Beschreibung nach nicht mehr und nicht weniger als ein katholisches Freizeitzentrum, typisch für Italien. Stimmt, nur habt ihr vielleicht übersehen, dass die Aula für den Katechismus fehlt – der Maschinenraum jeder katholischen Jugendaktivität –, und vielleicht ist euch auch nicht aufgefallen, dass inmitten der ganzen Kinder die Priester fehlen. Freizeitzentren dieser Art werden komplett von Grundschullehrern geführt, das Personal kommt von den Listen des Provinzschulamts. Die Freizeitzentren sind eine städtische Einrichtung, das Banner der laizistischen Kultur nach dem Vorbild Maria Theresias. Das erzkatholische Österreich trennte die Bildung (und die Freizeitgestaltung) sorgfältig von allen religiösen Einflüssen. Intelligente Zerstreuung, außerschulische Freizeitgestaltung und Kunsterziehung sollten ein Vorrecht öffentlicher Einrichtungen bleiben. Und so entstanden schon Ende des neunzehnten Jahrhunderts erste Freizeitzentren: anfänglich unter Führung der Lega Nazionale,* dann unter der faschistischen Opera Nazionale dei Balilla (1919), um schließlich nach dem Zweiten Weltkrieg ganz entpolitisiert zu werden.

Diese Freizeitzentren sorgen auch dafür, dass die meisten triestinischen Kinder ihre Stadt kennenlernen. Ähnlich den Contraden in Siena ist der Stolz auf das eigene Wohnviertel ein wichtiger Faktor, so dass die ersten Namen, die sich in der geistigen Topographie eines kleinen Lucchini-Mitglieds einbrennen, die der gegnerischen Freizeitzentren sind. Im Laufe eines Jahres werden verschiedene Sportwettkämpfe zwischen den Stadtteilen ausgerichtet,

---

* Die Lega Nazionale hatte die Verbreitung der italienischen Sprache sowie den Erhalt der italienischen Institutionen innerhalb der Grenzen des Reiches in den Gebieten mit gemischter Bevölkerung in ihren Statuten stehen.

und aufgrund der Auswärtsspiele lernt man, dass das De Amicis im Viertel San Vito liegt, das Freizeitzentrum Pitteri in San Giacomo, das Gentilli in Servola, das Cobolli in Valmaura, das Toti in San Giusto – eine erste Topographie der Stadt mittels Trikot-Farben, Gastfreundschaft (manche Zentren verteilten nach der Partie Eis, andere nicht), und vor allem, wie gesagt, über Namen. Wie Marcel in Prousts *Suche nach der verlorenen Zeit* sich allein durch die Aussprache von Namen in die magischen Welten eines jeden Mitglieds der Familie Guermantes hineinträumt, so benannten auch wir die gegnerische Mannschaft und kosteten die Suggestivkraft des jeweiligen Namens aus, das fremde und doch quasi sprechende Bild, das er heraufbeschwor. Dass die vom De Amicis reich waren und die vom Cobolli arm, lernte man auf dem Spielfeld ziemlich schnell. Davor aber stand noch die kühle Herzlichkeit, die das »De Amicis« ausstrahlte, das lustige Western-Flair des »Cobolli« (dessen Mitglieder allseits nur Cow-bollis genannt wurden). Jeder Name führte mitten in die Umkleiden der anderen Kinder, zu ihren Tennissocken, ihrer Art zu reden – die aus dem De Amicis konnten nicht mal Dialekt –, zu ihrem Haarschnitt. Namen, die bereits nach der ersten Begegnung die Bilder ihrer Familien heraufbeschworen und mehr noch die ihrer Kinderzimmer, ihrer Straßen, ihrer Wohnviertel. Klar, das bezieht sich auf eine Zeit, als die Zonen der Stadt sozial weitgehend homogen waren, doch ich glaube, dass die Freizeitzentren zum Kennenlernen der menschlichen Geographie immer noch sehr effizient sind.

Die Freizeitzentren sind extrem hilfreich, um den Geist der Triestiner zu verstehen. Eine Erziehung, die über Generationen dem kirchlichen Einfluss komplett entzogen wurde, eine Nachmittagsgestaltung (und eine Schulzeit), in der nicht gebetet wurde, außer man entschied sich selbst dafür, begünstigten die Ausbildung einer vorurteilsfreien Mentalität, tendenziell offen, immer bereit, das Leben ohne Hemmungen und falsche Scham zu lieben. Wenn ihr mit einem Triestiner redet, merkt ihr das sogleich, ich kenne keine Ausnahme. Denkt also immer daran, dass höchstwahrscheinlich ein bedeutendes Stück seiner Wesensart an jenen Nachmittagen geprägt wurde, als er sich auf dem Zement der Freizeitzentren die Knie aufschürfte. An jenen Nachmittagen und durch jene Lehrer, die ihn am Ohr ins Krankenzimmer schleiften.

Lehrer Eugenio war ein kleiner behaarter Mann mit rotem Schopf und vernichtendem Charisma. Auch als du noch harmlose dreizehn, vierzehn warst und eine gute Handbreit größer als er, hättest du niemals gewagt, ihm zu widersprechen, und schon gar nicht, seine Kung-Fu-Einlagen abzuwehren. Um uns bei einer Prügelei zu trennen, packte der kleine Lehrer Eugenio uns am Ansatz der Koteletten und hielt uns wie zwei Thunfische in die Luft – er mit hocherhobenen Armen, wir auf den Zehenspitzen mit verrenktem Hals –, bis die Standpauke vorbei war. Klar, er machte eher kurzen Prozess, ein bisschen in Sheriffmanier, was wir aber bei weitem dem offiziellen Verfahren vor dem Schreibtisch des Direktors vorzogen. Außerdem, man braucht es kaum zu sagen, machte die scheinbare Brutalität des Lehrers Eugenio seine Gesten der Zuneigung noch wertvoller, wenn er deinen Kopf in den Schwitzkasten nahm und dir mit den Fingerknöcheln durch die Haare strich, wenn er sich zur Teilnahme an einer Partie Basketball herabließ, wenn er mit uns zur Bar gegenüber ging und uns ein Wassereis kaufte.

Ein Mitglied kann bis zum fünfzehnten Lebensjahr im Freizeitzentrum bleiben, danach wird es wie ein junger Löwe freundlich gebeten, das Rudel zu verlassen. Gegen Ende reicht dir das Wassereis nicht mehr, und du machst Dinge, die nicht zum Ort passen. Nera zum Beispiel organisierte Wettkämpfe im Rülps-Furzen. Letztlich war er der Einzige, der gleichzeitig rülpsen und furzen konnte, so dass es zwangsläufig auf eine One-Man-Show hinauslief. D'Agosto spielte Jo-Jo mit seiner Spucke. Am Ende einer Partie setzte er sich auf die Bank, nahm große Schlucke von der Orangenlimo, die er von der Kollekte der unterlegenen Mannschaft erstanden hatte, und wartete mit auf die Knie gestützten Ellbogen. Wenn er sicher war, dass alle zuschauten, begann er durch die breite Lücke zwischen seinen oberen Schneidezähnen einen Faden orangefarbenen Speichels fallen zu lassen, den er, kurz bevor er den Boden berührte, geschickt wieder einsog, um ihn sofort wieder durch die Zähne laufen zu lassen, in einem immer riskanteren, immer spektakuläreren Auf und Ab. Kurz gesagt, an einem bestimmten Punkt müssen die jungen Löwen einfach gehen. Das ist ein sehr trauriger Moment, doch nur so haben sie die Chance, ihre eigene Savanne zu finden und sich die Mähnen wachsen zu lassen.

Übrigens habe ich nie erfahren, wie Nera wirklich hieß, und genauso wenig werde ich jemals wissen, ob D'Agosto ein Spitzname oder sein Nachname war – solche Sachen wagt man als Kind im Freizeitzentrum die Großen nicht zu fragen, oder vielleicht interessieren sie einen auch einfach nicht. Diese Nachmittage, ins Spiel vertieft um des Spiels willen, diese Nachmittage, erfüllt von dem lustvollen Gefühl dazuzugehören, Ball zu spielen und den Ball auftitschen zu hören, diese Nachmittage, die für Nera und

D'Agosto fast vorbei waren und für uns Kleine noch wer weiß wie viele Jahre andauern würden, eben diese Nachmittage sind eine Seinsform, an die ich noch eine beinah intakte physische Erinnerung habe, für die es nur einen Namen gibt: Glück.

Als meine Eltern eine Wohnung in Valmaura kauften, fuhr ich mit zwei Bussen und einmal Umsteigen zu meinen Freunden ins Lucchini. Auch mein Vater war dem Viertel San Luigi sehr verbunden und ging weiterhin in Valerios Osteria, fünfhundert Meter unterhalb des Freizeitzentrums. Osteria und Freizeitzentrum sind zwei einander entsprechende Antworten auf dieselbe kulturelle Prägung. Die Osteria ist keine Hosteria mit blasiertem H und überteuerten Preisen, wo Tiefkühlwaren als lokale Spezialitäten verkauft werden. Die Osteria ist auch keine Trattoria im Sinne eines einfachen Lokals, wo man schnell einen Happen isst. Vor allem aber ist die Osteria keine Höhle für Saufbrüder – Wein wird nur wenig getrunken, oft mit Wasser oder Limo gestreckt, in wunderschönen Achtel-Gläsern. Die Osteria ist ein Mittelding zwischen einem Feierabend- und einem Männerzirkel. Sie wird immer und allein von denselben Leuten frequentiert, die sich untereinander kennen, vom Ersten bis zum Letzten, und vor dem Abendessen ein paar Stündchen miteinander verbringen, die einen spielen Dame, die anderen Tresette oder Boccia, wieder andere reden nur. Ein wenig kann man daran das Verhältnis der Triestiner zum Wein ermessen, was mir ein paar Unterscheidungen erlaubt. In Triest trinkt man nicht, weil es einem schlecht geht, man schließt sich nicht zu Hause ein und ergibt sich dem Alkohol, Wein ist immer das Medium einer geselligen Runde. Selten wird man auf einen einsamen Mann treffen, der sich am Tresen mit Drinks volllaufen lässt, wie ich es manchmal freitagabends in London beobachtet habe oder wie es in der tiefsten friaulischen Provinz vorkommt. Hier in Triest ist Alkoholismus entgegen allen regionalen Statistiken keine Volksplage. Und auch die bekannte Liedzeile »*davanti a un fiasco de vin quel fiol de un can fa le feste, perché xe un can de Trieste*«* trifft nicht ganz den Geist dieses eher beherrschten und rationalen Lustigseins, dem die Trinker der Stadt frönen.

Wenn das Freizeitzentrum abends die Pforten schloss, lief ich die fünfhundert Meter bis zu Valerios Osteria hinunter, um meinen Vater abzuholen. Oft musste ich warten, bis die Partie zu Ende war. Im Winter wurde Dame gespielt, und ich setzte mich brav daneben auf einen Stuhl. Im Sommer spielten sie Boccia, was mir viel lieber war, und auf einem der langen Tische neben dem Spielfeld sitzend verfolgte ich die Beratungen der Mannschaft, das Maßnehmen mit einem Auge, die an ein Wunder grenzenden Luftschläge, die schleifenden Schritte auf der Erde und dann das Geräusch der wegflitschenden Eisenkugel. Nassgeschwitzt kam ich an, die Hände noch dreckig vom Basketball – und Valerio brachte mir sofort ein großes Glas Limo. Ich war das einzige Kind dort, was mir nicht das Geringste ausmachte. Alle wussten, warum ich da war, auch jene, mit denen mein Vater nie spielte.

Es war eine sehr homogene und solidarische Männergemeinschaft, zumindest meinem Eindruck nach. Hauptsächlich Arbeiter – mein Vater war Busfahrer – mit ein paar Stunden Feierabend, zu einer Zeit, die wie durch ein

* »Vor einer Flasche Wein freut sich der Hund, denn es ist ein Hund aus Triest«, aus dem Lied *Can de Trieste* von Lelio Luttazzi.

Wunder noch immun gegen die Manie der Nebenjobs war. Manchmal kam es vor, dass Valerio einen *prosciutto in crosta* aus dem Ofen zog – einen triestinischen Braten im Teigmantel, für die der gesamte Hinterschinken eines Schweins in eine Brotkruste eingebacken wird – was dazu führte, dass meine Mutter mit meinem Vater schimpfte, weil ich beim Abendessen keinen Hunger mehr hatte. Doch man konnte unmöglich nein sagen zu einer Scheibe handgeschnittenem Schinken, noch dampfend und mit der *lagrima*, dem tropfenden Fett, wenn man den ganzen Nachmittag auf dem Basketballfeld zugebracht hatte: Mein Vater wusste das und untergrub beherzt die häuslichen Regeln. Vielleicht waren diese Heimwege nach Valmaura auf der Vespa, durch verregnete Winter- oder blassviolette Sommerabende, wenn wir gemeinsam die Stadt einatmeten, die wir Viertel um Viertel fast komplett durchqueren mussten, vielleicht waren dies die Momente unserer innigsten Komplizenschaft.

Mein Vater lebt nicht mehr, doch die Osteria gibt es nach wie vor. Sie liegt in dieser gewundenen Straße namens Via Archi, die sich nervös ins Zentrum hinabschlängelt. Ihr dürft euch das nicht wie in einem Kusturica-Film vorstellen. Wie ich schon gesagt habe, ist die Atmosphäre hier stimmungsvoll, aber sehr viel nüchterner. Wenn es warm genug ist, um sich draußen aufzuhalten, sucht euch einen Tisch unter der Pergola und bestellt euch einen Spritz. Ihr werdet ein 0,25 l-Glas bekommen, halb mit Wein, halb mit Seltzer gefüllt (daher der Name *Spritz*), ein Getränk, das zu Zeiten der Habsburger erfunden wurde und den Durst stillen sollte, ohne betrunken zu machen, und in dem sich einmal mehr diese authentische Mischidentität Triests verbirgt – Weinlaune und spritziger Geist. Wie alle guten Sachen, die exportiert werden, hat der Spritz vielfältige Variationen erfahren – in Udine wird er mit Zitrone genossen, im Veneto mit Campari oder Apérol –, doch ich kann euch nur raten, Imitationen zu misstrauen.

* Historische Cafés kann man leicht daran erkennen, dass sie ihre Historie nicht zur Schau stellen. Im Zuge der touristischen Wiederentdeckung literarischer Heroen der Vergangenheit schießen überall Orte aus dem Boden, die mit tausend Hinweistafeln und von mitteleuropäischer Literatur triefenden Einrichtungsgegenständen die beinah alltägliche Präsenz der vier Schriftstellergrößen des vergangenen Jahrhunderts heraufbeschwören. Am besten nehmt ihr Lokale, die sich nach Schriftstellern benennen, einfach nicht zu ernst.

** Nicht zu vergessen das jetzt geschlossene Caffè Tergeste: »Café, wo einst in die Hände schlug ich mein Gesicht, mit Freude schau ich heut dich an: versöhnst du Italiener und Slowenen zu später Stunde, am Billardtisch.« (Umberto Saba)

Der Kaffee und die Cafés

Triest ist berühmt für seine *caffè*, seien es die, die man trinkt, oder die, in denen man sitzt. Wer als nur halbwegs neugieriger Mensch durchs Zentrum schlendert, kann beide Arten bewundern. Was zu einer weiteren Überlappung führt, die vielleicht noch bedeutsamer ist: Beide Arten pflegen eine spezielle Verbindung zur Sprache. Beginnen wir bei Letzteren, den historischen Cafés.*

Das Caffè Tommaseo, das Caffè Stella Polare, das Caffè degli Specchi, das Caffè Tergesteo und vor allem das Caffè San Marco.** Diese Orte sind getränkt von Sprache in Form von Literatur, ganz unspektakulär durch die Diskussionen und Gespräche der wichtigsten Schriftsteller, die in Triest gelebt haben. Italo Svevo, die Gebrüder Stuparich, Virgilio Giotti, Umberto Saba, Scipio Slataper, Quarantotti Gambini, Bobi Bazlen und ein gewisser James Joyce haben an diesen Orten geredet, gegessen und getrunken. Nicht immer alle zusammen – unvorstellbar das Wetterleuchten von Gedanken, das dies nach sich gezogen hätte –, aber oft genug in ausreichend großen Gruppen, um mit anderen zeitgenössischen Kreisen um den Europatitel zu konkurrieren (zum Beispiel mit denen in Wien oder Paris).

Das Caffè San Marco, nur ein paar Schritte von den Büsten des Stadtgartens an der Via Giulia entfernt, ist dasjenige, das den ästhetischen Eingriffen der verschiedenen Besitzer am erfolgreichsten widerstanden hat. Die großen

Wandspiegel, die gusseisernen Tischchen mit Marmorplatte, der alte Tresen aus dunklem Holz sind noch die gleichen wie 1914, als das Café auf Betreiben des Istrianers Marco Lovrinovich eröffnet wurde, der sich wie fast alle Istrianer italienischer Nationalität aufs Innigste mit der Republik Venedig verbunden fühlte. Die Atmosphäre hier drinnen, die Schachspieler, die Zeitungsleser mit den hölzernen Zeitungshaltern in den Händen, die Schüler, die an einer Übersetzung aus dem Lateinischen arbeiten, alles, was in diesen Stunden des noblen Müßiggangs passiert – und vor allem das, was nicht passiert, denn darin liegt das eigentlich Schöne –, das alles wurde bereits erschöpfend von Claudio Magris in seinem Buch *Die Welt en gros und en détail* beschrieben, dem nichts hinzuzufügen ist. Die einzige Anmerkung, die vielleicht einen gewissen Sinn ergibt, gilt der aktuellen Führung des Lokals.

Denn trotz der Retro-Anmutung des San Marco – die Endlosschleife von venezianischen Löwen auf Nippesfiguren, Messinggriffen, Lampenschirmen – zeigt unsere Sissi auch hier ihr Piercing... Der Klaviersaal nämlich dient zwar immer noch auch Dichterlesungen, allerdings nicht an einem »Pokalmittwoch«, an dem die Sprachvirtuosen dem Großbildschirm der Champions League und den Fußballfans weichen müssen (die in Sachen Verzehr weitaus interessanter sind).

Dabei spielt die Sprache gerade beim Verzehr – vor allem beim Genuss von Kaffee – eine wichtige Rolle, eine sehr wichtige. Verlassen wir also die Literatur und begeben uns in eine Kaffeerösterei. Auch dank seines Hafens war Triest immer ein Zentrum des Kaffees. Was bedeutet, dass der triestinische Espresso sich in Fragen der Qualität und des Rituals ohne weiteres mit dem neapolitanischen messen kann. Das hat auch die Weltmeisterin der Degustation Fabiana Pozzar bestätigt, die ich einmal in einer Fernsehsendung kennenlernen durfte – ich weiß, es klingt komisch, doch es gibt eine internationale Vereinigung von Lebensmittelkontrolleuren, die Meisterschaften auf der ganzen Welt durchführt, mit Ausscheidungs- und Endrunden, Siegerehrungen und Medaillen –, und Signora Pozzar zufolge arbeiten die hiesigen Kaffeeröstereien auf höchstem Niveau. Kontrollierte Temperatur in den einzelnen Verarbeitungsschritten der Dehydration, Oxidation und Röstung. Äußerste Sorgfalt in der Produktauswahl. Kenntnisreiche Aromensuche. Und so weiter und so weiter (ich erinnere mich nicht mehr an alle Einzelheiten des Gesprächs, gut jedoch an den Feuereifer der Dame, der umso verständlicher war, da es sich um eine Unternehmenschefin der Branche handelte).

Der entscheidende Punkt jedoch ist weniger die Güte der triestinischen Kaffeemischungen, sondern die vielfältige Art und Weise, wie man in dieser Stadt seinen Kaffee bestellen kann, sowie die Missverständnisse, die in Konfrontation mit der Standardsprache daraus entstehen. Fast hat es den Anschein, als würde die reiche Auswahl an Geschmacksrichtungen auf irgendwelchen geheimen Wegen auch die Phantasie der Bestellungen beflügeln. Also, der normale Espresso beispielsweise, den man in Italien serviert bekommt, wenn man »un caffè« bestellt, heißt hier »nero«, ein Schwarzer. Was ja noch überschaubar ist: Man muss einfach »un nero« sagen statt »un caffè«, damit hat es sich. Wollt ihr aber einen Espresso mit ein wenig Milch, also landläufig einen »caffè macchiato«, müsst ihr in Triest »un cappuccino« bestellen, denn wenn ihr »un caffè macchiato« sagt, bekommt ihr einen Espresso mit einem Kännchen kalter Milch extra. Während es das, was in Italien und mittlerweile auf der ganzen Welt Cappuccino heißt, in Triest letztlich nicht gibt, es sei denn in seinen Abarten »caffelatte« (also einen Milchkaffee, aber ohne Schaum), oder »latte macchiato«. Stattdessen gibt es den »cappuccino in bì« (einen Espresso mit Milch im Glas – *bicchiere* –, etwas größer als ein Espressotässchen) und den »gocciato« (Espresso mit einem Tropfen – *goccia* – Milchschaum), die sich natürlich beide wie alle anderen Varianten auch je nach Größe, Stärke und Koffeingehalt mit den Anhängen »ristretto«, »lungo«, »doppio«, »decaffeinato« und »corretto« durchdeklinieren lassen. Wer zum ersten Mal nach Triest kommt, mag hierdurch die Anomalie dieser Stadt viel besser verstehen als durch alle Erklärungen. Und gleichzeitig nehme ich an, dass euch der symbolische Wert nicht verborgen bleibt, den diese Vervielfachung mit sich bringt: Selbst zu Spitzenzeiten, selbst in den überfülltesten Bars, hat euer Kaffee ein Anrecht auf Personalisierung, habt ihr das Recht – vielleicht das etwas bizarre Recht, auf das man in keiner anderen Stadt des Nordens pochen würde –, euch einen maßgeschneiderten Kaffee zubereiten zu lassen. Und der Barista erfüllt euren Wunsch, das garantiere ich. Er wird eure Bestellung dem Mann an der Kaffeemaschine zurufen und dabei eine breite Palette von immer wahnwitzigeren Abkürzungen aneinanderreihen, die auch hinsichtlich ihrer Präzision an die Sprachkunstwerke der Buchmacher an den Börsen erinnern. Kaum dass ihr den Kassenbon auf den Tresen gelegt habt, werden aus einem »nero«, einem »koffeinfreien Cappuccino im Glas« und einem »gocciato« ein einziges »nerooogocciaaadecacapoinbì!«, und der Typ an der Kaffeemaschine verleibt sich die Nachricht ein, indem er sie mental an die Unzahl bereits gebündelter Bons (Bestellungen *in Arbeit*) dranhängt und gleichzeitig ununterbrochen die chiffrierten Zurufe des Kollegen in dampfende Tassen verwandelt, oft sekundenschnell.

Vor langer Zeit lief mal ein Werbespot im Fernsehen, dessen Hauptaussage lautete »Kaffee ist der Geschmack des Lebens«. Der Spot selbst war nicht gut, doch lag eine Wahrheit in ihm, nicht etwa in dem Sinne, dass der Alltag ohne Koffein öde und leer wäre, sondern dass wir alle ein Recht auf eine flüchtige Freude haben, an die wir ganz fest glauben. Eine Nuance, die noch einmal den Wert hervorhebt, den die Triestiner auf Lebensqualität legen. Diese Art, sich zu amüsieren, indem sie ein und derselben Substanz vier verschiedene Namen geben, diese Art, den Kaffee zu trinken, als wäre die Bohne eigens für sie gepflückt, verschifft, geröstet und gemahlen worden, diese Art, ihn langsam zu schlürfen und dabei – wie ein norditalienischer Neapolitaner und wie die Protagonisten in Jim Jarmuschs kleiner Kurzfilmperle *Coffee & Cigarettes* – zu denken, dass jetzt, gerade jetzt, das ganze Leben in dieser kleinen Tasse liegt, danach sehen wir weiter.

Hochsprache und Volkssprache, kurz gesagt. Große Cafés und kleine Kaffees. Im Café ersonnene künstlerische Buchseiten und anders ersonnene Kaffeespezialitäten, andere Wortspiele. Natürlich kann der Eindruck entstehen, die geistige Elastizität des Barmanns stünde in enger Verbindung mit der literarischen Fortune des Ortes, so dass sich die Frage stellt: Ist Triest eine Stadt der Schriftsteller, weil man hier gerne mit den Namen der Dinge spielt – Kaffee inklusive –, oder spielt man hier gerne mit den Namen der Dinge, weil wir in einer Stadt von Schriftstellern leben?

Die Risiera von San Sabba. Besichtigung eines Verbrennungsofens

Die Linie 10 schiebt sich bis hundert Meter oberhalb der Narbe hinauf. Der Stadtteil heißt San Sabba – die bekannte Häme von Schicksalsnamen. Im Hintergrund die Rauchschwaden der Stahlfabrik und anderer Industrieanlagen. Die chinesische Mauer aus Wohnblöcken. Die orangefarbenen Gebäude des neuen Stadions, die den Himmel entern. Ein Parkplatz, auf dem der Wanderzirkus auf der Durchreise seine Zelte aufschlägt. Und noch mehr graue Umrisse randständiger Urbanität, ärmliche Peripheriegewächse, die nur deshalb entstanden zu sein scheinen, um die Narbe zu verstecken. Die nächstgelegene Haltestelle befindet sich vor dem Supermarkt Famila, mit seinen nummerierten Mäulern zum Entladen der Lkw und dem Autoparkplatz im Fischgrätmuster. Hat man den Bus verlassen, steht man vor einer riesigen Eiche, an deren Fuß Haufen von Papierchen und Hundekot liegen, deren Krone jedoch majestätisch und frei mit ihrem Blätterballon über die winzigen Häuser der Umgebung emporragt. Links eine Bingohalle. Rechts das Fitnessstudio *Muscle Gym* und das Bädereinrichtungshaus *Idra*, beide ohne Auslagen oder Fenster.

Mit weiteren gleichwertigen Abscheulichkeiten wurde auf jegliche Art versucht, sie zu verbergen, doch die Narbe ist durch nichts zu beeindrucken. Da ragt sie hinaus auf die Straße, mit ihren roten Ziegeln und dem offenen

Loch – wunderbar, niemals zu flicken – des Betonkorridors. Die Narbe zum Denkmal machen, diese Idee hat aus der Risiera di San Sabba neben einem Reliquienschrein des Schmerzes und der Erinnerung vor allem das schönste Kunstwerk der Stadt gemacht.

Die Risiera entstand 1913 als Schälfabrik – hier drinnen wurde Reis verarbeitet, bevor man Menschen verbrannte. Die Nazis machten daraus zunächst ein Gefangenenlager für italienische Soldaten nach dem Waffenstillstand am 8. September 1943, dann ein Polizeihaftlager, von dem aus die Juden nach Deutschland und Polen deportiert wurden, und schließlich ein richtiggehendes Vernichtungslager für Partisanen und politische Gefangene aus Italien, Slowenien und Kroatien.

Im Verbrennungsofen von San Sabba kamen zwischen vier- und fünftausend Menschen um. Dieser Ort war das einzige Vernichtungslager auf italienischem Boden. Die Deutschen wählten dafür Triest, weil sie wussten, dass sie auf die Region Julisch-Venetien zählen konnten, wo sie die faschistischen Ideale und Rassengesetze am effektivsten verankert hatten.

Triest wurde zum ersten Mal im Jahr 1918 italienisch, zusammen mit Istrien und einem großen Stück Binnenland. Die massive Präsenz slowenischer und kroatischer Bevölkerungsgruppen, die reale, konkrete Mischung italienischer und fremdsprachiger Bürger, wie Mussolini es nannte, hat schon immer die Festlegung einer natürlichen Grenze erschwert. Während der fast zwanzigjährigen faschistischen Diktatur in Italien nährte dieses »Durcheinander« bei vielen Italienern eine gewisse Slawophobie, so dass dieser Teil Italiens patriotischer und faschistischer wurde als alle anderen. Ganze Trupps von Eiferern wie die Collotti-Bande hatten sich jahrelang an slowenischen Irredentisten und Partisanen geübt und waren nun bereit, mit besonderer Emsigkeit in den Folterkammern der Nazis zu arbeiten. Man bedenke, dass die italienische Staatsgrenze nach der deutschen Invasion in Jugoslawien im April '41 so weit nach oben gerutscht war, dass sie auch Ljubljana umfasste (die heutige Hauptstadt Sloweniens). Man bedenke auch, dass im Widerstand gegen das mühselige, vom faschistischen Regime angestrengte Werk der Italianisierung viele tausend Slowenen starben. Ich sage das nicht als Rechtfertigung dieser monströsen Tragödie – monströs doppelt unterstrichen –, die in den letzten Kriegsjahren allzu leicht für die titoistischen Foibe instrumentalisiert wurde, sondern nur um zu erklären, warum die Nazis Ende '43 keinen Moment daran zweifelten, welches das ideale Gebiet zur Errichtung ihres italienischen Lagers war. Bei einer triestinischen Firma gaben sie den Bau eines schönen Ofens in Auftrag, fanden die passende Führungsfigur (Lotario Globocnik, erprobter SS-Führer in Treblinka und als weiterer sympathischer Wink des Schicksals in Triest geboren), und das Lager erhielt innerhalb kürzester Zeit seinen effizienten und kohlenschwarzen Anstrich, den das Reich von ihm erwartete.

Dieser Ort ist von einer Reinheit, die in den Augen schmerzt. Die Entscheidungen der Architekten und Restauratoren müssen unter einem gesegneten, magischen Stern gestanden haben. Als er 1975 eingeweiht wurde, erklärte Romano Boico seinen Entwurf so: »Die halbzerstörte Risiera, die die Nazis auf ihrer Flucht zurückließen, war so trist wie ihre Umgebung. Also dachte ich, diese Tristesse könne zum Symbol erhoben und zum Denkmal werden. Ich nahm mir vor, mehr abzutragen und zu ersetzen, als hinzuzufügen.« Und tatsächlich trug Boico ab und ersetzte. Die zerstörten Gebäude wurden entfernt, der Platz mit einer elf Meter hohen Betonmauer eingefasst, die in zwei, in wenigen Metern Abstand parallel verlaufende Wände mündet, den grausigen Zugangskorridor, das grobe, von allem Horror entfleischte Vorzimmer. Nach oben hin wurde die Anlage offen gelassen, »wie eine Laienkirche«. Im Hof, wo der Verbrennungsofen stand, sind lediglich seine Umrisse und der Verlauf des Rauchabzugs nachgezeichnet mit Stahlplatten, deren metallisches Glänzen bloße Andeutung ist. Diese präsente Abwesenheit wirkt erschütternd. Wenn der Ofen noch dastünde, wäre es nicht dasselbe. Sein Schatten ragt unsichtbar und überdeutlich vor unseren Blicken empor mit all den Menschen, die er verschlungen hat. In der Ecke des Schlots steht eine massive Eisenskulptur, aus deren Formen man trotz aller Abstraktion klar die Umrisse von Rauch erkennen kann, schwarzer Auswurf vor dem Hintergrund der jüngsten Festungen des sozialen Wohnungsbaus.

Ich war etwas unschlüssig, als ich herkam, ich fürchtete in das Getümmel der vormittäglichen Schulausflüge zu geraten, aber entgegen aller Erwartungen sind wir nur zu zweit auf dem Hof, ich und eine schüchterne Schulklasse aus Gemona. Die Schüler gehen mit wissenden, fast übertrieben trübsinnigen Mienen hinter ihrem Führer her. Ich frage mich, ob dieses Verantwortungsbewusstsein auf den pädagogischen Fähigkeiten der Lehrer beruht oder auf unergründlichen Wegen aus der tragischen Vergangenheit ihrer Dorfgemeinschaft aufsteigt. Es ist, als seien auch sie, wie Scheidungskinder, schneller erwachsen geworden. Es ist, als ob das Erdbeben, die Trümmer, die vielen Toten ihres kleinen friaulischen Dorfes jenen fernen Maiabend

1976 überlebt hätten, nicht so sehr als Geißel, sondern als kollektive genetische Erinnerung.

Ich warte, bis alle die Todeskammer verlassen haben, um alleine hineinzugehen. Es gibt keine Fenster, Licht tritt nur am Boden durch die Türritze ein. Die Kritzeleien der Gefangenen wurden mit einem schnellen Zementstrich von den Alliierten gelöscht, ohne erkennbaren Grund. Auf diesen zwölf Quadratmetern wurden die im Schnellverfahren Verurteilten eingesperrt, für gewöhnlich Partisanen, die man bei Razzien aufgriff und innerhalb weniger Stunden aburteilte. In der Risiera grenzten aufgrund der beschränkten räumlichen Kapazitäten die für Arbeit und Ruhe vorgesehenen Bereiche direkt an die für Folter und Tod, so dass das drohende Ende den Gefangenen hier womöglich noch deutlicher vor Augen stand als in Auschwitz. Zeugen berichten von einem fast konstanten Pegel von Schreien, die ihre Hintergrundmusik bildeten, während sie Sohlen klebten in einer Halle, die heute Kreuzsaal genannt wird – wegen des wunderschönen Gebälks, das die frühere Unterteilung des Gebäudes in drei Stockwerke in die Luft skizziert – und die damals als Schuhwerkstatt diente. Daneben liegt der Saal der siebzehn Zellen, einer der wenigen Orte, der die Zerstörungswut der fliehenden Nazis unbeschadet überstanden hat.

Die Jugendlichen aus Gemona lauschen schweigend ihrem Reiseführer, drehen die Köpfe zu den schwarzen Zellenöffnungen, sorgsam darauf bedacht, die Grenzlinie der Absperrkordel nicht zu übertreten. Keiner wagt zu tun, was mir schon beim Eintreten unwiderstehlich erschien.

Zwei mal zwei mal einen Meter. Eine Holztür mit Luke, die dreißig Minuten am Tag geöffnet wurde. Zwei Holzpritschen übereinander, die drei Viertel des Raumes einnehmen und die Gefangenen zwangen, quasi ununterbrochen zu liegen. Ich steige über die Kordel, schließe mich in der Zelle ein, reagiere auf das klopfende Herz, indem ich tief durchatme. Ich sauge die Feuchtigkeit ein, die Dunkelheit. Ich besiege den Instinkt und lege mich auf die untere Pritsche, lasse meinen Rücken auf den Rücken der Gequälten sinken. Ich zähle bis zehn und versuche, an nichts anderes zu denken als die zuverlässige Reihenfolge der Zahlen, und dann schlüpfe ich schnell hinaus in den Freudentaumel des Lichts, das in meinem Hirn explodiert. An der Tür zum Saal – das war mir eben gar nicht aufgefallen – steht ein Wärter und beobachtet mich. Er schimpft nicht, sagt nichts, sondern blickt mich nur an, als ich an ihm vorbeigehe, als habe er begriffen. Ich laufe weiter, während die Sonne mich streichelt, mich umarmt. Ich laufe am Ausstellungsraum vorbei, an Musics Zeichnungen, an der Schülergruppe aus Gemona, ich setze einen Fuß vor den anderen und genieße einfach nur die Festigkeit des Untergrunds und die Antriebsbewegung, die daraus erwächst. Wer diese Zellen betrat, wusste, dass er nirgends mehr hingehen würde – nicht nach Auschwitz, nicht nach Dachau –, wusste, dass er mit einem Prügel erschlagen und ins Feuer geworfen werden würde. Dieses Wissen war schwer zu ertragen, und doch verging manchmal viel Zeit, ehe man es abwerfen konnte. Es gibt Menschen, die saßen sechs Monate ein, den Tod ständig auf der Brust. Doch ich denke an nichts von alldem, ich warte nur auf den Moment, in dem ich die engen Wände des Ausgangs hinter mir lasse, die riesige mit Papierchen und Hundekot verdreckte Eiche erreiche und mich darunter auf ein Mäuerchen setze, um ihr zu lauschen.

Basovizza. Ein Wäldchen im Karst

Ich parke das Auto, steige aus, binde meine Schuhe fest zu und schließe ab.

Basovizza ist ein kleines Dorf auf einer Anhöhe des Karsts, das aufgrund seiner gleichnamigen Foibe bekannt ist. Auf den östlich gelegenen, abschüssigen Feldern – Heideland mit vielen Steinen und Büschen, das bis an die großen Fabriken des Industriegebiets heranreicht – thront das Nationaldenkmal. Das Mahnmal erhebt sich über einem Minenschacht aus den Anfängen des zwanzigsten Jahrhunderts, der bald schon wegen mangelnder Produktivität stillgelegt wurde. Dort hinein warfen 1945 Titos Soldaten die Leichen von etwa zweitausend Gefangenen – Soldaten und Zivilisten –, die ursprünglich in slowenische Internierungslager deportiert werden sollten.

Wenn wir von der Fröhlichkeit der Triestiner sprechen, von ihrer übersprudelnden Lebensfreude, müssen wir immer die Risiera und Basovizza im Hinterkopf behalten, müssen wir daran denken, dass es Menschen sind, die an einem Ort voller Wut, Schmerz und Tod aufgewachsen sind. Anders gesagt ist dieser erklärte Wille, das, was das Leben bringt, zu genießen, nicht allein mit der Offenheit des Meeres zu erklären, sondern auch mit einer feinen, unterschwelligen Angst, dem nicht zu unterdrückenden Wunsch, etwas zu überwinden und zu verdrängen. Triest wird immer ein Transitgebiet bleiben, ein Korridor, durch den die Ströme ineinanderfließen, sich vermengen, dem lateinischen *confligere* gemäß aufeinanderstoßen, aneinandergeraten. Auch in jüngerer Zeit waren diese Ortschaften im Karst, in denen die slowenische Minderheit lebt, so nah an der Stadt und doch schon exotisch und fern, ein Filter verzweifelter Wanderschaften.

Ich stecke meinen Fleecepulli in die Hose, ziehe den Reißverschluss bis zum Kinn hoch und laufe zum Streckenanfang.

Hinter der Dorfkirche, auf der zur Foiba entgegengesetzten Ortsseite, beginnt ein Nadelwald, der sich zuerst licht, dann immer dichter wie eine Decke über das weiche Tal zieht, das die winzige Provinz Triest mit Slowenien verbindet. Diese grünbraune Decke stellt seit jeher den am wenigsten riskanten Übergang dar, um heimlich in unseren goldenen Westen zu gelangen. Während des Kosovo-Krieges 1999 wählten viele Flüchtlinge Basovizza aus, um in den anderen Teil Europas zu schlüpfen. Jetzt gehört Slowenien zur Europäischen Union, und es steht jedem frei, seinen Fuß in das Wegelabyrinth des Waldes zu setzen, auch ohne Personalausweis. Bis vor ein paar Jahren jedoch kam diesen Ostgrenzen des Schengener Raums die Aufgabe zu, nicht nur Italien vor unerwünschtem Zustrom zu bewahren, sondern die gesamte Gemeinschaft der Reichen, die hier beginnt, sich bis zum nördlichsten Punkt Norwegens erstreckt und weiter bis an die Atlantikbrandung in Portugal und die ruhigen, unter dem Meeresspiegel liegenden Küsten Hollands. Der große Garten Europa – mit seinem Vorgärtchen England – war komplett abhängig von der Sicherheit dieser Pforte. Ich erinnere mich noch an die ermüdenden Autoschlangen auf dem Weg ans kroatische Meer, an die pedantischen

Kontrollen, die fast schon einer vorsätzlichen Urlaubsbehinderung gleichkamen. Nachts hingegen änderte sich das Bild. Dann kamen die Schlepper mit ihren Lieferwagen bis an den Rand des Waldes gefahren, nur ein paar Kilometer von der slowenischen Grenze entfernt. Auf der einen Seite lag das Gestüt Lipica mit seiner Reitschule, den weißen Stallungen und den Kunstreitern mit Habsburg-Nostalgie. Auf der anderen die schöne Welt. Dazwischen keine Zäune, keine Begrenzungsmauern, nur die dunkle Decke des Waldes. Die Flüchtlinge luden sich ihre unförmigen Taschen auf den Rücken, vergruben die Köpfe schutzsuchend in ihren alten Trainingsanzügen, packten ihre Kinder an den Händen und rannten los. Einmal im Leben habe ich eine Nacht in einem ähnlichen Wald verbracht – die Nacht des Heiligen Laurentius am 10. August, auf der Adria-Insel Cres, ein wahrer Sternenregen –, und ich kann euch nicht beschreiben, wie dunkel die Dunkelheit manchmal ist. Auch wenn die Augen sich an die Finsternis gewöhnt haben, bleibt sie unter den Bäumen kompakt. Die Flüchtlinge hatten keine Taschenlampen, sie wurden mit ein paar warmen Worten und einem Stoß Richtung Italien geschickt, viele verliefen sich und waren am Morgen für die Förster die erste Schererei des Tages.

Ich zögere noch ein wenig, wärme mich mit ein paar Hüpfern auf und beobachte, wie andere zwischen den zwei großen Eichen verschwinden, die den allgemeinen Startpunkt für die eigentliche Laufstrecke bilden.

Das Beeindruckende an diesem Ort ist, dass er als natürliches Fitnessstudio in die Jogging-Gewohnheiten der Triestiner übergegangen ist. Auf den gleichen Pfaden, über die vor einigen Jahren noch völlig verängstigte Flüchtlingsgruppen rannten, sehen wir nun andere Läufer, andere

Fluchten. Zu jeder Tageszeit, vor allem aber morgens an Sonn- und Feiertagen – heute ist Samstag – dehnen sich auf dem niedrigen Mäuerchen, das die Wiese vom Parkplatz trennt, zahllose Beine in Maximalstreckung. Männer und Frauen im schicken Lycra-Dress absolvieren hier vor oder nach dem Joggen lange Stretching-Einheiten. Die Laufwege sind gut gekennzeichnet, mit Zahlen und Symbolen auf den Felsen, wie bei Gebirgswanderwegen. Wenn ich zum Laufen herkomme, frage ich mich oft, ob irgendeiner der Jogger schon einmal einem Vertreter der anderen Läuferkategorie begegnet ist, ob er jemals voraneilend wie ein Wolf auf Erkundung in jene verwirrten, von Kälte zerfressenen Gesichter hineingelaufen ist, die man immer in den Fernsehnachrichten sieht.

Die Frage mag albern erscheinen, doch man kann die Überschneidung dieser zwei so ähnlichen und zugleich so unterschiedlichen Tätigkeiten auf demselben Aktionsraum nur schwer ignorieren. Bis vor nicht allzu langer Zeit gab es in diesem Wald tatsächlich so etwas wie eine Doppelschicht. Tagsüber Sportplatz. Nachts Furt der Hoffnung. Tagsüber freie Menschen auf der Flucht vor nichts und niemandem, die ihre Portion Sauerstoff einatmeten, um in Form zu bleiben, die schwitzten, um fitter zu werden. In der Nacht Menschen mit ausgelatschten Turnschuhen, die sich vor den Polizeischeinwerfern versteckten und mit allen Mitteln versuchten, den Geruchssinn der Spürhunde zu täuschen. Eine unfreiwillig obszöne Überschneidung, wie etwa kubanische Bootsflüchtlinge an den Stränden der braungebrannten Florida-Surfer. Die letzten acht Kosovaren griff man ausgerechnet hinter diesem Stretching-Mäuerchen auf. Es war eine Januarnacht im Jahr 1999. Aus den Villen am Waldrand konnte man beobachten, wie sie einer Carabinieri-Streife entgegengingen mit der Erleichterung derer, die sich vorsichtig durch die Polarkälte des Pinienwaldes getastet haben und sich die Festnahme und das Flüchtlingslager nur als das Ende eines Albtraums vorstellen können.

Auch heute Morgen ist es kalt, mit etwas Abstand folge ich einer Gruppe von drei jungen Männern und einer Frau. Sie hat weiße Schutzcreme auf den Lippen, die Männer sind zu massiv, sie wirken wie Kanufahrer, die ihren Sauerstoffvorrat auffüllen, irgendwie fehl am Platz. Ihr Laufrhythmus allerdings stimmt. In den Kurven erhasche ich einen Blick auf sie, bevor sie wieder hinter Bäumen verschwinden. Ein Aufblitzen von Farben, Fersen, glänzenden Hälsen. Wenn sie in den tiefen Mulden des Geländes verschwinden, bleibt ihr keuchender Tieratem in der Luft, ein dumpfes Trappeln der Schuhe auf Piniennadeln, ihre Anstrengung vermischt mit meiner. Mir fällt ein Gespräch ein, das ich kürzlich mit dem Manager einer baskischen Firma auf der Laufstrecke des ehemaligen Fiatgebäudes im Turiner Stadtviertel Lingotto führte, hoch oben auf dem Dach der einstigen Fabrik, wo früher die neuen Fiatmodelle getestet wurden und man jetzt seine Joggingrunden drehen kann. »Warum laufen wir eigentlich?«, fragte der Mann mehr sich selbst, während wir mit auf die Knie gestützten Händen nach Atem rangen, an der Wange weißen Sabber und im Hintergrund der Dreitausender Monviso, der verächtlich auf uns herabsah. »Vielleicht fliehen wir«, lautete meine spontane Antwort. Ich jogge seit langem in dieser Form, am Rande des Fanatismus, um es mal so zu sagen, und seit langem schreibe ich darüber. Ich habe es Wohlstandsverzweiflung genannt, ich habe es Kampfkunst genannt. Sicher ist aber, dass die kryptobürgerliche Leere dieses Tuns auf Pfaden, wo schon Menschen vor einem echten Feind davonrannten, besonders beschämend zu Tage tritt. Was das Ganze noch hämischer macht, ist die Urbarmachung des Waldes seitens der Kommune, die die Unebenheiten ausgleicht, Kies verteilt, dort Bänke aufstellt, wo die einzigen legitimen Bewohner eigentlich Hirsch und Wolf sein müssten (immer noch mäßig präsent). Am Eingang des Waldes, auf dem Hauptweg, wurden ein paar Turngeräte aus natürlichen Materialien montiert (Holzblöcke, gefällte Baumstämme und so weiter) für alle, die etwas Gymnastik machen wollen. Und nun ratet, wie sie diesen Parcours genannt haben? Lebensparcours. Ja, Lebensparcours, ist das nicht lustig? Hier gibt es die Foibe mit ihren menschlichen Überresten, hier gibt es ektoplasmatische Spuren der Kosovaren, hier gibt es Slowenen aus diesem und benachbarten Ländern, deren Vorfahren noch Mussolinis Rede aus dem Jahre 1920 in Pola auswendig kannten – »Zur Verwirklichung des mediterranen Traums muss der Adriaraum in unseren Händen sein, angesichts der minderwertigen und barbarischen Rasse der Slawen« –, hier gibt es Menschen, denen zwanzig Jahre lang das Recht verweigert wurde, das sie unter den Habsburgern noch hatten, nämlich ihre eigene Sprache zu benutzen, in den Schulen, in den Zeitungen, in der Kirche und sogar auf den Grabsteinen.* Und

* »Später wurde aus dem Knaben ein Schuldiger, ohne dass er gewusst hätte, gegen wen oder was er gesündigt haben sollte. Er konnte nicht begreifen, dass man ihn wegen der Sprache verurteilte, in der er seine Eltern liebte und die Welt zu entdecken begann«, schreibt Boris Pahor in seinem Buch *Nekropolis*. Der Fall Pahor wäre ein eigenes Kapitel wert. Geboren 1913 in Triest, wo er noch heute lebt, ist er der größte lebende Schriftsteller slowenischer Sprache und gleichzeitig italienischer Staatsbürger.

trotzdem … trotzdem ist Lebensparcours gar kein so übler Name, irgendwie sogar ganz gut. Wenn man ihn ohne böse Absicht betrachtet, wendet auch er sein hämisches Gesicht ab. Das schöne, bequeme Leben derer, die heute durch den Wald von Basovizza laufen, kann auch ein diskretes, stilles, nur als Geste wahrnehmbares Gedenken für all jene sein, die hier ihr Leben verloren oder es gefährlich aufs Spiel gesetzt haben.

Das denke ich unter einsetzendem Sauerstoffmangel, als ich ein hinter dem Laub verborgenes Schild entdecke: »STAATSGRENZE 250 m« und darunter: »DRZANA MEJA PO 250 m«. Ich habe Mühe, der jungen Frau mit den Kanuten zu folgen. Sie sind eindeutig weitaus trainierter als gedacht. Ich sehe sie noch einmal kurz, als sie durch einen Pinientunnel laufen. Sie überqueren eine Sonnenlichtung und verschwinden dann in einer Doline – jedes Mal staune ich aufs Neue über die perfekte Symmetrie dieser natürlichen Bodensenken, wie geometrisch der Karst sein kann, wenn das Unvorhersehbare aufhört, unvorhersehbar zu sein. Als ich sie auf der anderen Seite wieder heraufkommen sehe, beschließe ich, auf den Aufstieg zu verzichten. Ich erlaube meinem Herzen also, zu einem menschenfreundlichen Schlag zurückzufinden, und überschreite ganz langsam die Grenze, die nur noch aus einer weißen Linie am Wegesrand besteht.

Bevor ich wieder ins Auto steige, trete ich ebenfalls an die Stretching-Mauer. Gerade so finde ich eine Lücke, wo ich mein Bein abstellen kann. Um die Mittagszeit herrscht hier mehr Betrieb als zum Aperitif auf der Piazza dell' Unità. Kopfüber gebeugt – Fuß geflext, Schultern parallel, Arme an die Ohren –, denke ich, dass man sich bei diesem Ausflug in die Umgebung Triests viel weniger weit von der Stadt entfernt, als man glauben könnte. Ich denke, dass auf diesen Wegen durch den Wald von Basovizza, die die ehemalige Grenze zwischen freier Welt und Kinderschreck zusammenhalten, der geheime Code liegt, mit dem man das Herz meiner Stadt erschließen kann.

San Giovanni.
Es war einmal eine Irrenanstalt

Früher hielt hier der Bus. Er lud dich am südlichen Eingang des Krankenhauses ab. Des ehemaligen Krankenhauses, gewiss, aber es ist trotz allem immer noch etwas Lebendiges, Aktuelles, in seiner stumpfen Schönheit. Schon Ende der siebziger Jahre gab es keine Tore mehr. Nur die Pfosten waren geblieben, Herkulessäulen zur Welt der Verrückten. Man war frei zu kommen – und ebenso frei wieder zu gehen –, doch das Gefühl blieb das gleiche, den Fuß in die Welt der Krankheit zu setzen, durch einen Park zu spazieren, so grün wie der Wahn, der ihn einst bewohnte, ein scheinbar friedlicher und reiner Ort, der nichts als Unruhe ausstrahlte. Das ist jetzt anders.

Die ehemalige psychiatrische Klinik, bekannt als Opp, liegt im Stadtteil San Giovanni, der mit der Zeit zum Inbegriff des Irrenhauses geworden ist, weswegen man heute noch einen Triestiner »San Giovanni« sagen hört, wenn er einen bestimmten Geisteszustand beschreibt und sich vielleicht zur Veranschaulichung mit dem Zeigefinger an die Stirn tippt. Hierher kommt 1971 Franco Basaglia, der sieben Jahre später eine Psychiatrie-Reform durchsetzen wird, der Mann, der das Bild der Psychose revolutionierte und den Erkrankten ihre persönlichen und sozialen Rechte zurückgab, eingeschlossen das Grundrecht auf Freiheit. Er bringt die Erfahrung aus der Irrenanstalt von Görz mit und eine Handvoll junger Anhänger. Einer von ihnen ist

Beppe Dell'Acqua. Er empfängt mich in einem wunderschönen Direktorenbüro – riesige Fenster ins Grüne, unterteilt in sechs verschieden gestaltete Flügel mit antiken Griffen, vier Meter hohe Decken, bunte Bücherregale vom Schreiner –, drückt mir die Hand mit der ganzen Herzlichkeit und Sympathie, die ein Salernitaner in eine einzige Geste legen kann, und lässt mich in einem Sessel Platz nehmen, neben dem ein zweiter steht, wo sich ein Jagdhundwelpe zum Schlafen zusammengerollt hat.

»Was interessiert dich, das du nicht schon weißt?«, fragt mich Dell'Acqua, der meine Vergangenheit als Betreuer in einem Zentrum für geistige Gesundheit in Pordenone kennt. »Ich würde mich gerne ein wenig umschauen, wenn du mich herumführen möchtest?«, erwidere ich. Sofort steht er auf, legt mir den Arm um die Schultern und geht mit mir hinaus.

In dem Pavillon, wo sich die Abteilungsleitung befindet, wohnten früher die Kranken. Anstelle von Metallbetten stehen hier nun bequeme Sessel, Bücherregale, Skulpturen als Schenkungen befreundeter Künstler oder Werke von Patienten wie die Deckeninstallationen, die dem Schallschutz dienen. In den alten Schlafräumen gibt es wenige Schreibtische und viele verstreut stehende Stühle, wie als Zeichen dafür, dass hier mehr in Gesprächen und bei gemeinsamen Treffen gearbeitet wird als auf dem Papier. Die großen Räume zweigen beidseitig von einem breiten Korridor ab, dem früheren Krankensaal, den nun ein synthetischer Bodenbelag in Art einer Tartanbahn bedeckt, in Kobaltblau. Von damals sind noch die Flügeltüren übrig, der Parkettboden und die riesigen Durchgänge im Innern, gläserne Schiebetüren auf Miniatur-Eisenbahnrädern. Überall rote und blaue Lampen, die das Kalkweiß der Wände (vielleicht immer noch zu sehr Typ »österreichisches Krankenhaus«) beleben sollen. Neben dem Eingang hängt ein Poster mit vielen Menschen darauf, unter anderen Dell'Acqua selbst, allesamt in Zwangsjacken, auf denen jeweils Name und Beruf stehen. Die Patienten – entgegen der Absicht des Fotos kann ich nicht umhin, sie auf den zweiten Blick zu erkennen – sind »Gärtnergehilfen«, »Schauspieler«, »Putzkräfte«.

»Hier in San Giovanni sind wir quasi die letzte Einrichtung im Dienst der geistigen Gesundheit«, sagt Dell'Acqua, als er mich an sich vorbei ins Freie treten lässt. »In den anderen Pavillons sitzen fast ausschließlich Vereine oder Einrichtungen, die nichts mit der Psychiatrie zu tun haben. Fachbereiche der Uni, soziale Dienste, solche Sachen. Und wir sind sehr froh darüber. Unser Ziel war es, uns langsam aus San Giovanni zurückzuziehen und es der Stadt zurückzugeben. Öffnen, andere hereinlassen, aber vor allem und am wichtigsten – hier, da siehst du unseren Marco Cavallo! –, selbst hinausgehen.« Das berühmte Pferdestandbild »Marco Cavallo« steht in einer Art Patio seitlich des Gebäudes. Vielleicht liegt es an der Wirkung des Pappmachés, vielleicht am Lichteinfall der Sonne auf den blauen Gliedern, jedenfalls kommt er mir noch schlaksiger vor denn je.

1972 rief Franco Basaglia seinen Cousin Vittorio zu sich, der ein berühmter Bildhauer in Venedig war, um gemeinsam mit dem Dichter Giuliano Scabia und den Anstaltsinsassen eine Kunstwerkstatt einzurichten. Patienten, Studenten der venezianischen Kunstakademie und Basaglia selbst trugen zur Realisierung dieser überlebensgroßen Skulptur bei. Modell für den Marco Cavallo stand der gleichnamige Klepper, der den Karren mit Dreckwäsche durch diese Stadt in der Stadt zog. Die Patienten liebten ihn sehr, und er teilte mit ihnen das Anstaltsdasein, das saubere und geordnete Leben innerhalb der Mauern dieses »großen innovativen Obdachs für Geisteskranke«, der »großartigen städtischen Irrenanstalt von Triest« (Worte Ludovico Braidottis, der schon im Kapitel über die Bora auftauchte, des Stadtplaners vom Bezirk San Giovanni im frühen zwanzigsten Jahrhundert). Marcos Leben war bestimmt nicht nur schlimm. Er wurde gut behandelt, gut genährt, langweilte sich nicht, hatte keine anderen Sorgen, als den Wäschekarren zu ziehen. Ein Leben, das dem der Anstaltsinsassen sehr ähnelte, die nach den rigorosen Kriterien der österreichischen Wissenschaft behandelt wurden, der umkämpften Tochter von Positivismus und Paternalismus. Hygiene, Organisation, Ergotherapie schützten die Triestiner Patienten ganz sicher vor der Entwürdigung und der Unkultur vieler italienischer Irrenhäuser. Doch paradoxerweise führte der Verzicht auf schlechte Behandlung zu einer weiteren Hürde für ihre Befreiung. »›Warum müssen sie denn überhaupt raus?‹, wurden wir gefragt«, erzählt Dell'Acqua. »›Es geht ihnen doch gut da drinnen!‹ Das Problem der Irrenanstalt war gerade ihre Fähigkeit, alles mit ihrer autarken Maschinerie zu vereinnahmen. Du musst bedenken, dass dieser Ort im Sinne der großen Utopien des späten 19. Jahrhunderts ganz und gar unabhängig von außen war. Sogar das Brot wurde selbst gebacken, nur als Beispiel. Ja, eigentlich konnte die Irrenanstalt alles assimilieren, sogar die neuesten Reformen. Diese Straße hier ist nach Edoardo Weiss benannt, verstehst du? Hier hat lange der Freudschüler gearbeitet, der die Psychoanalyse in Italien bekannt gemacht hat, ich meine, das hier waren ernstzunehmende Leute, die durchaus bereit waren, kleine Kompromisse im Sinne neuer Theorien einzugehen, wenn es nur dazu diente, die alte Einrichtung aufrechtzuerhalten. Kurz gesagt, die einzig richtige Lösung war der Abriss.« Doch bevor es dazu kam, gelang es Marco Cavallo, die Bresche zu schlagen. Im März 1973 führte die Skulptur Demonstrationen von Studenten, Arbeitern, Patienten und Künstlern kreuz und quer durch die Stadt. Triest musste die Rechte der Geisteskranken akzeptieren und erkannte in dieser Skulptur ein Symbol der Freiheit gegen die Wegschließ-Mentalität der Psychiatrie des neunzehnten Jahrhunderts. Giuliano Scabia begleitete diese Entwicklung in einem Tagebuch, das er drei Jahre später unter dem Titel *Marco Cavallo* veröffentlichte.

»Es war nicht leicht, es waren sehr harte Jahre«, sagt Dell' Acqua, während wir an der Uni-Bar vorbeigehen. Studenten und Professoren des Fachbereichs Geologie unter roten Sonnenschirmen bei der Mittagspause. »Für die Leute waren wir die Hippie-Psychiater, die Kommunisten und unterentwickelten Bauerntrampel (viele von uns kamen aus Süditalien). Doch die Stadt als Ganzes hatte immer ein, wie soll ich sagen, dialektisches Verhältnis zu dem, was wir tun. Sie hat von Anfang an die Tür einen Spalt breit offen gelassen, auch als die Mehrheit der Stadtbewohner uns mit Misstrauen begegnete. Jetzt sind alle Triestiner stolz auf das Experiment, das in dieser Stadt durchgeführt wurde, sie reden voller Hochachtung von Basaglia. Unser Glück war, dass Triest öffentlichen Institutionen traditionell großes Vertrauen entgegenbringt und trotz tausenderlei Widerständen abwarten konnte, bis die Ergebnisse endlich überzeugten.«

Das Gesetz 180 aus dem Jahr 1978, zu Recht bekannt als Gesetz Basaglia, entvölkerte San Giovanni. Tag für Tag verstanden es die Patientenfamilien, die Wohngruppen, die Zentren für mentale Gesundheit, die sozialen Kooperativen und all die anderen Fäden des Pflegenetzwerkes, die sogenannten Irren in die Gemeinschaft der sogenannten Normalen aufzunehmen. Das gab diesen ihr Recht auf Menschenwürde zurück. In seinem Buch *Die negierte Institution* erklärte Basaglia, wie die Psychiatrische Anstalt, die sich zuvörderst den Regeln der öffentlichen Ordnung und der sozialen Kontrolle verpflichtet fühle, Krankheit produziere statt Heilung. »Sobald sich die Tore der Anstalt hinter dem Kranken schließen, tritt er in eine neue Dimension der Gefühlsleere ein ... Man stellt ihn in einen Lebensraum, der ursprünglich dazu geschaffen war, ihn wieder harmlos und ›gesund‹ zu machen, der sich aber in der Praxis als ein Ort erweist, wo – so paradox es ist – seine Individualität total zerstört wird, wo er bedingungslos objektiviert wird ... Immer unter der Aufsicht von anderen zu stehen ohne den kleinsten persönlichen Ansporn, sich den Tagesablauf ausschließlich von organisatorischen Notwendigkeiten diktieren lassen zu müssen, das alles bildet das institutionalisierende Schema, innerhalb dessen sich das Leben im Heim bewegt.«

Wir gehen die Hauptallee hinauf in Richtung der Pavillons am nördlichen Ende des Geländes. Auf den Mauern stehen in roten Lettern noch die Parolen der siebziger Jahre, PHANTASIE AN DIE MACHT und so weiter. Uns kommt eine Gruppe Mädchen mit Mappen und Wasserflaschen entgegen, vermutlich irgendwelche Praktikantinnen. Die Triestinerinnen erkennt man sofort daran, dass sie schon sonnengebräunt sind. Bei den anderen sind Arme und Beine schweinchenrosa, wie es für Anfang Mai normal ist. Auch Dell'Acqua ist angenehm braun. »*Dotòr*«, grüßt ihn ein Junge in gelbem Trainingsanzug und Mokkassins. »Guten Tag«, erwidert Dell' Acqua und sagt, als wir vorbei sind, zu mir: »Das ist einer von den vierzig Ex-Insassen, die dort oben in den Unterkünften wohnen, beim Nordeingang. Sie sind die letzten Nutzer des Betreuungsdienstes, der innerhalb des Ex-Opp angeboten wird. Stell dir vor, dass unsere Abteilung mit den paar über die Stadt versprengten Zentren rund viertausend Personen betreut und wir insgesamt nur zweihundertsechsundvierzig Mitarbeiter haben. Vor '78 gab es hier eintausendzweihundert Insassen bei über fünfhundert Betreuern. Ich weiß nicht, ob ich mich klar ausdrücke, aber denk nur an die Einsparungen für das Gesundheitswesen.« Ich aber denke an die Diskoabende, die hier auf der Piazzetta stattfanden, jeden Donnerstag im Sommer, in den frühen Achtzigern, direkt vor der ehemaligen Kirche, auf diesem Platz, eingerahmt von den Wohnungen, aus denen die Kranken mit ihren Cola-Flaschen den jugendlichen Besetzern zusahen. Ich denke an dieses leichte Gruseln, wenn wir zu den Irren tanzen gingen, an dieses Gefühl des Eindringens, der Einmischung, das wir alle mehr oder weniger stillschweigend teilten, wir Freaks, wenn wir einfach so zu einem Abend unter freiem Himmel in einer Pseudodiskothek mit freiem Eintritt zogen. Wenn wir wieder gingen, waren wir immer irgendwie erleichtert. Es war keine echte Integration. Es war ein Versuch, es waren die achtziger Jahre.

Jetzt weht hier ein völlig anderer Wind. Es sieht tatsächlich so aus, als hätte die Stadt sich den Park wieder zu eigen gemacht. Bevor wir auseinandergehen, trinken wir noch einen Kaffee im Posto delle Fragole, dem Lokal der schon historischen San-Giovanni-Kooperative, das komplett von

Menschen mit Psychiatrie- oder Suchterfahrung geführt wird. Ich sehe mich um. Arbeiter beim Mittagessen, eine Gruppe von Jugendlichen mit Handys und Smartphones auf den Tischen und ein paar Leute am Tresen, die schnell ein Tramezzino verzehren. Der Eindruck, den der Posto delle Fragole vermittelt, ist der einer Betriebskantine, einer Bar im Erdgeschoss einer Beratungsstelle oder eines sozialen Hilfswerks. Nichts ist geblieben von der Faszination des Irrsinns, *endlich*. Nur Leute, die essen und trinken, um dann zu ihrer Arbeit zurückzukehren.

Ich habe nie geglaubt, dass Psychosen auf organischen Funktionsstörungen beruhen – wie es der Biologismus amerikanischen Vorbilds glauben macht –, und auch nicht, dass sie ausschließlich gesellschaftspolitische Ursachen haben – wie es die Demokratische Psychiatrie nach Basaglia glaubt. Ich halte Schizophrenie für die komplexe Spätfolge einer schweren Störung der psychischen Struktur, eingetreten in der ödipalen Phase, ich glaube, sie hängt eng mit dem zusammen, was Lacan den Ausschluss des Vaters nennt; doch ändert all das nichts daran, dass das Ende des nebulösen Zelebrierens des Wahns seitens eines irgendwie gearteten Kitsch-Irrationalismus und das Ende aller Gemeinplätze von der Bewusstseinsspaltung als Quelle künstlerischen Schaffens in ganz großen Teilen und vor allem in Triest dem Pragmatismus Basaglias und seiner Anhänger zu verdanken ist. Denn es gibt nichts Magisches, nichts Messianisches an einem manisch-depressiven Schub. Deshalb ist es schön, dass diese Art dekadenter Faszination verschwunden ist. So ist alles banaler, näher dran an der Oberfläche der Dinge. Es gibt Leute, die mit dem Bus fahren, die einkaufen, zur Arbeit gehen, alleine leben oder mit anderen zusammen, tagtäglich Psychopharmaka nehmen und hin und wieder trotzdem von einer akuten Krise gepackt werden. Das ist alles. Sie zu treffen ist das Einfachste, aber auch das Banalste der Welt, man muss nur durch die Stadt fahren, statt sie in San Giovanni zu suchen. Von hier sind sie weggegangen. Doch auch San Giovanni ist von hier weggegangen, wenn ihr versteht, was ich meine. Das Inbild der Irrenanstalt existiert nicht mehr. In diesen Pavillons gab es eine Menge Miss Ratcheds mit gestärkter Haube, man wurde in Reihen aufgestellt, die Pillen wurden ausgeteilt wie in »Einer flog über das Kuckucksnest«, es wurden Aufgaben vergeben, es wurde gelobt oder gestraft. Hier drinnen gab es Kranke, die eingesperrt waren, und Pfleger, die als Gefängniswärter fungierten. Es gab Zwangsjacken, Elektroschocks und das Ewige Eis der Macht, Handschellen und Neuroleptika unter dem Deckmantel medizinischer Forschung. Es hat eine ganze Weile gedauert, um das alles auszulöschen, um auch das letzte Chloroformmolekül aus der Geruchsvorstellung derjenigen zu tilgen, die, auch nachdem das Opp schon jahrelang geschlossen war, nur zögernd diesen Park besuchten, zuerst ein Diskoabend, dann ein bisschen Knutschen auf den abgelegeneren Bänken, schließlich ein schüchterner Blick in das Innere der Gebäude. Jetzt hat Triest es geschafft. Dell' Acqua verabschiedet sich von mir und kehrt in seine schöne Abteilung zurück: »Komm doch mal zu einem unserer Seminare! Letzten Winter haben hunderte junge Leute teilgenommen. Im Dezember wird es bestimmt wieder welche geben. Das ist es, was wir wollen, nämlich allen, die Lust haben, Zeugnis zu geben von Patienten, Angestellten, Ex-Insassen. Denn sonst ... ›Wer soll all jene heilen, die sich für gesund halten?‹«, und mit spitzbübischem Blick entfernt er sich, ohne mir zu verraten, wen er zitiert hat.

Ich gehe wieder hinauf in nördlicher Richtung, suche die Bushaltestelle. Im Schlendern erlaube ich mir einen kleinen Umweg. Auf der Rückseite eines Gebäudes, ich weiß nie ob Schuppen oder Werkstatt, gibt es das Trompe-l'œil eines Menschen, der eine echte Leiter erklimmt. Es befindet sich eher am Rand des Parks. Zerbrochene Fensterscheiben, ein paar Säcke mit Bauschutt an der Straße, einige Moped-Gerippe, ein Randgebiet, das der Mühe nicht wert ist, saniert zu werden. Die Mauer ist von Ranken überwuchert, doch der Mann, verblichen, an mehreren Stellen von Regen und Sonne verwaschen, setzt immer noch einen Fuß nach dem anderen auf die Sprossen seiner Leiter. Es ist ein naives Gemälde, die Leiter ist aus rostigem Metall, an die Mauer zementiert. Ich weiß nicht, wo sie hinführt – gibt es eine Falltür in der Mulde? Geht es vielleicht hinauf aufs Dach? –, und stelle mir vor, dass sie wirklich jemand benutzt hat, da sie ja sogar richtig am Gebäude befestigt ist. Ich habe mich immer gefragt, was derjenige, der wirklich hinaufgestiegen ist, wohl empfunden haben mag, als er mit seinem eigenen Körper den als Trompe-l'œil gezeichneten Mann nachgebildet hat. Er wird hinaufgestiegen sein, hat getan, was zu tun war, und ist dann wahrscheinlich wieder aus dem Bild herausgestiegen, während die Zeichnung ihrerseits hoffnungslos dort festhängt, wie ein unglückseliger Farb-Sisyphos beim Versuch des Aufstiegs. Was für eine absurde und machtvolle Geste, denke ich. Und dann die Erleuchtung, vielleicht steigt dieser Mann nicht hinauf, sondern hinunter. Vielleicht ist diese marionettenhafte Gestalt nicht der Irrsinn, der versucht, in die Stadt zu kommen, sondern die Stadt, die versucht, in die Irrenanstalt zu kommen.

Und die Stadt hat es geschafft, sie ist hereingekommen. Der Bus hält genau vor den Unterkünften der ehemaligen Insassen. Es steigt ein Mann mit einer erloschenen Zigarette im Mundwinkel aus, eine schlackernde Plastiktüte am Unterarm, die Schlüssel schon in der Hand. Ich und eine Signora steigen ein, sie sieht der Olivia zum Verwechseln ähnlich mit Dutt und allem. Es ist die Linie 12. Sie ist bei den Campi Elisi losgefahren, hat das gesamte Zentrum durchquert, hat im Viale Raffaello Sanzio Leute aus- und eingeladen, dann Via Donatello – und ich muss immer an gemalte Menschen denken, die Leitern hinauf- und hinuntersteigen –, hat in Piazzale Canestrini Halt gemacht und fährt nun die Via Weiss hinauf in Richtung Via Bottacin und dann weiter unter den Säulen des Nordeingangs hindurch und beschreibt dabei mit einer Natürlichkeit, die nur den Busfahrern eigen ist, eine urbane Schleife, äußerst urban, um den großartigen Bezirk von San Giovanni.

Durch die Straßen des Zentrums, Svevo in der Hand

Der Mann in Bermudas und Birkenstocks fotografiert sich mit Selbstauslöser an der Seite Italo Svevos. Der Schriftsteller nüchtern wie zu erwarten, Angestelltenanzug, in der Hand seinen Hut. Noch hat ihm keine Taube auf den Kopf gemacht. Die Statue ist die neueste Errungenschaft auf der Piazza Hortis. Sie schreitet über den Platz vor der Stadtbibliothek, scheinbar in Gedanken versunken, mit großen Schritten wie jemand, der Dringendes zu erledigen hat. Die Stadtverwaltung setzt auf Kultur. Touristisch gesprochen: Kultur ist ein Produkt, das zieht. In der Fußgängerzone sind plötzlich weitere lebensgroße Bronzestatuen aufgetaucht. Ein Joyce auf der Brücke Ponterosso, ein Saba in der Via San Nicolò neben dem, was einst seine Buchhandlung war. Die Stadtverwaltung hat gemerkt, dass die Touristen nach Triest kommen, weil sie das *fin de siècle* suchen, Jugendstil-Laternen und die heiligen Heroen der Literatur. Und sie will sie ihnen geben. Nach und nach entfernt sie aus dem gesamten städtischen Netz die Straßenlaternen und ersetzt sie durch kunstvoll gestaltete Glaskugeln, auf alt gemacht, Lampen mit korinthischem Blütenspiel, die die prunkvolle Eleganz einer vergangenen Epoche heraufbeschwören sollen. Und bis es so weit ist, lässt sie schon mal die Schriftsteller auferstehen. Kurz, die Grundidee ist wohl die eines hübsch anzusehenden Themenparks.

Um das Spiel dieser historischen Rekonstruktion mitzuspielen, begebe ich mich auf einen Svevo-Spaziergang. Vor dem Ersten Weltkrieg lief Zeno Cosini immer hinunter an die Riviera Sant' Andrea und fuhr mit dem Boot zum Fischen auf den Golf hinaus, der damals noch zum Habsburgerreich gehörte, zusammen mit Carmen und Guido, wisst ihr noch? Von der Piazza Hortis aus muss man nur die Via Torino überqueren, wo an der Ecke das berühmte Buffet de Siora Rosa liegt, Hauptquartier der Literaturstudenten zur Mittagspause, und der Via Lazzaretto Vecchio bis zum Ende folgen (das Literaturmonopol nennt sie Saba-Straße: »Es gibt in Triest eine Straße, die mein Spiegel ist, an langen Tagen verschlossener Einsamkeit, die heißt Via del Lazzaretto Vecchio«). Heute ist von der Riviera nur noch die Promenade übrig, vom Meer durch die stillgelegten Hafengleise getrennt und übersät mit Kartons, Flaschen und von der Bora in die Bäume gewehten Plastikfetzen. Um ehrlich zu sein, gibt es auch ein kleines Eisenbahnmuseum, in dem man eine nette halbe Stunde damit verbringen kann, Lokomotiven aus dem neunzehnten Jahrhundert zu bestaunen, wenn man eine Vorliebe für gigantische Maschinen oder einen fünfjährigen Sohn hat. Die Umgebung aber lädt nicht unbedingt zu einem Spaziergang ein, und schon gar nicht zu einem Angelausflug im Boot. Neben der nächtlichen Präsenz wunderschöner Rumäninnen in kurzen Röcken und langen Stiefeln ist das einer der vielen Orte, an denen Kroaten, Tschechen und Serben vor ihrer Rückkehr über die Grenze ihre Einkäufe auspacken, sich fünf, sechs Paar Jeans übereinanderziehen, um unbehelligt über die Grenze zu kommen.

Ich trete den Heimweg an und konzentriere mich auf Zenos gedankenverlorene Rückwege, visualisiere sie innerlich, als hätte ich anstelle des Gehirns ein Navigationssystem. Es gibt zwei Straßen. An der ersten liegen linkerhand die Badeanstalten (die Ausonia, »ein schwärzliches Monstrum auf seinen Pfählen«, und die Lanterna, von denen später noch die Rede sein wird), dann mündet sie in die Uferstraße, die sogenannten *Rive*, und passiert schließlich meerseitig folgende Stationen: die Ruine des Schwimmbades Bianchi, das abgerissen wird, das seltene Beispiel eines 33,33 Meter langen Beckens; das Gerippe der Pescheria Centrale mit seinen mächtigen Rundbögen und dem entkernten Inneren, das von einer Fischhalle zum Kulturraum aufgewertet werden soll; das Acquario – aus dem, als ich klein war, immer der Pinguin Marchetto herausgewatschelt kam, um im Brunnen der Piazza dell' Unità ein Bad zu nehmen und dann wieder zurückzukehren, ein wahres Stadt-Maskottchen –; schließlich die Anlegestelle der Stazione Marittima. Von dort führte Zenos erster Weg direkt in den Tergesteo, doch ich halte noch einen Moment inne, das Meer im Rücken, und bewundere die blendende rationale Schönheit der Piazza dell' Unità. In Europa, vielleicht sogar auf der ganzen Welt, gibt es keinen so weitläufigen und vollkommenen Platz, der sich direkt zum Meer hin öffnet. Des Nachts gehen die kleinen blauen Strahler an, die in den neuen Bodenbelag eingelassen sind, und der Platz scheint in seinem feierlichen Weiß auf den Wellen des Lichts zu schaukeln. Man muss nur leicht die Augen zukneifen, schon schwappt das Meer auf die Piazza, verschmilzt mit der pointillistischen Grundierung der Strahler, verbreitet mit seinem Lecken an den Toren des Rathauses einen Hauch von Venedig.

Eine weitere Versuchung, die mich noch von Svevos Weg abhält, ist der Molo Audace. Viele begehen ja den

Fehler und lassen sich von der Geschmacklosigkeit dieses Stücks Zements täuschen, das wie die Brücke eines Panzerkreuzers auf dem Wasser liegt,* so dass sie umkehren, noch bevor sie die Spitze erreicht haben. Die Schönheit dieser Mole liegt in dem, was man hinter sich lässt, in der Eigenart, sich quasi im Lot zur Stadtansicht zu entfernen. Ich setze mich auf einen der letzten Poller, streiche mit beiden Händen über das von der Tageshitze erwärmte Gusseisen, schaue zum Festland hinüber. Die geschlossene Reihe klassizistischer Häuser versperrt mir die Sicht. In ihrer aristokratischen Natürlichkeit fast hochmütig. Es ist ein Anblick aus beinahe unmöglicher Perspektive. Triest von außen gesehen, von weitem, von einem Zementschiff herab. Eine Postkarte, auf der man rechts gerade noch einen Streifen der zuckersüßen, an Nizza erinnernden Fassade des Hotels Excelsior sieht, links den mehrstöckigen Palazzo Aedes aus roten Ziegeln, »den roten Wolkenkratzer« von Arduino Berlam (der im Übrigen auch Erbauer von Leuchtturm und Synagoge ist). Sala Tripcovich bleibt außen vor, ein ehemaliges Busdepot, das – eigentlich nur vorübergehend – während der Sanierung des Teatro Verdi vor einigen Jahren als Konzertsaal diente und nun zu einem mehr oder weniger dauerhaften Opernstandort als Alternative zu dem offiziellen Aushängeschild geworden ist. Über die Fassadenecke des früheren Depots hängt oben rechts ein roter Trompe-l'œil-Vorhang herab (schon wieder ein Trompe-l'œil), der einen eigentlich sehr ernsthaften Ort für anspruchsvolle Gaumen in ein schlechtes Licht rückt. Im Verlauf eines Tages versammeln sich auf

* Audace, die Kühne, war das erste Schiff der italienischen Flotte, das 1918 im befreiten Triest anlegte.

der Vortreppe des Eingangs Parallelgesellschaften, die keinerlei Berührungspunkte haben: nachmittags mitteleuropäische Konsumenten, vollbeladen mit Einkaufstüten auf den Reisebus wartend, der sie nach einer doppelten Shoppingeinheit zurück nach Ljubljana oder Zagreb oder sogar Böhmen bringt (neben dem Ex-Depot befindet sich auch der Busbahnhof); abends das alteingesessene Triestiner Bürgertum, dazwischen der eine oder andere studentische Melomane, die rauchend auf den Beginn der Vorstellung warten. Eine Überlappung, die nur auffällt, wenn man sich ein paar Stunden hier aufhält, ich bin sicher, das ergäbe eine schöne Fotostudie, eine lehrreiche Abbildung der Polyfunktionalität von Orten, die sich im Leben einer Stadt ganz von selbst ergibt.

Doch gehen wir noch einmal ein Stück zurück. Dies war Zenos erste Strecke, die er als Heimweg von seinen Bootsexkursionen gewählt hätte. Die zweite, die er noch lieber mochte, verläuft parallel zum Meer, geschützt und »beschattet von alten, hohen Häusern, die sich nach Sonnenuntergang entvölkern«. Es handelt sich um die *Cavana* und das, was schon damals Altstadt hieß, *cità vecia*. Von hier führt ein Gassengewirr hinauf auf die Anhöhe von San Giusto. Hier in den Eingeweiden Triests, in der Via SS. Martiri, läuft Alfonso in *Ein Leben* der schönen Unbekannten hinterher, um dann vor lauter Keuchen und Verlegenheit kein Wort herauszubekommen. Bis vor ein paar Jahren ging man hier noch durch stimmungsvoll heruntergekommene Gässchen – die übliche Anziehung der Jugend für Baufälliges kennt ihr, nicht wahr? –, spazierte man nachts im spärlichen rosa Lichtschein jener wenigen Straßenlaternen, die noch keine Steinwürfe abbekommen hatten, zwischen baufälligen Häusern herum. Niemand hätte sich gewundert, wenn aus diesen an Prag erinnernden Ruinen plötzlich der Golem hervorgesprungen wäre. Nun sehen die Häuser in der Cavana nicht mehr nach Ruinen aus, sie wurden saniert. Einige Straßen, durch die Zeno ging, sind noch mit weiß-roten Bauzäunen abgesperrt, andere sind rundum erneuert zur Freude der Einwohner und zur snobistischen Enttäuschung derer, die herkamen, um ein wenig der guten alten Entsittlichung einzuatmen (in vergangenen Zeiten war »Cavana« gleichbedeutend mit einem Ort für Prostituierte und Matrosen, ähnlich wie San Giovanni gleichbedeutend mit Irrenhaus war). Die Fassaden sind in Pastelltönen verspachtelt, die Geschäfte erinnern mit ihrem Stuck und der schrillen Beleuchtung wie in Eisdielen an eine Kitsch-Verpackung, irgendwie salzburgisch, ein bei neuen Sachen häufiger Effekt.

Beim Spaziergang durch die hübschen Sträßchen, achtzig Jahre nach dem Tod Italo Svevos, des Triestiners hebräischer Herkunft, der bis 1918 die österreichische Staatsbürgerschaft behielt und für seine Firma die englische und französische Korrespondenz führte, müsste nun auch der Schriftsteller selbst zugeben, dass die Heterogenität des heutigen Triest mehr der Schiene eines kitschigen Eklektizismus der Provinzen im Westen folgt als der noblen Vielvölkerlichkeit nach mitteleuropäischer Tradition – und klar, die Idee, eine Art Themenpark daraus zu machen, in dem es vor Stereotypen nur so wimmelt, macht die Züge unserer modernen gepiercten Sissi nicht unbedingt authentischer. Doch inzwischen hat sich unser Mentor mit ausgreifendem Schritt vom touristischen Epizentrum der *cità vecia* entfernt, so stelle ich mir das zumindest vor, während ich innerlich den Zickzackkurs vor mir sehe, mit dem er sich zwischen den Menschen hindurchschlängelt.

Erinnert ihr euch an den steilen Weg hinauf zum Belvedere? Wo Zeno seinen Schwager auf einem Mäuerchen liegen sieht und voller Übermut versucht ist, ihm einen Schubs zu geben? Dieser Anstieg ist jetzt eine Treppe, eingemauert von einem Gebäudekomplex aus den Siebzigern. Davor erhebt sich die Bahnhofsmauer. Ende der schönen Aussicht.

Erinnert ihr euch an die Szene, als Zeno, »in das junge Grün der Landschaft getaucht«, eifrig den Hügel von Servola hinabläuft, um Carla zu treffen? Jetzt ist das Viertel Servola ein Bienenstock von Häuschen mit Garten, durch den einmal quer die Autobahn nach Slowenien hindurchbraust. Am Horizont sieht man anstelle des Meeres den Rauch der Stahlfabrik – wir sind nicht weit von der Risiera di San Sabba entfernt – und den Flammenatem des Hochofens.

Und die Parkanlage auf der Via Giulia, das sentimentale Feuer der svevianischen Vision der Parkanlage, erinnert ihr euch daran? Da, wo die vier Figuren aus *Senilità* sich zum ersten Mal treffen, wo Zeno auf Carla wartet und mit einem Stock das Datum seiner letzten Untreue in den Kies ritzt. Gut, in diesem »so reinen Grün inmitten all des Straßengraus« sind die Spazierwege mittlerweile asphaltiert. Es gibt diese kleinen Tierwippen, aufblasbare Festungen mit Rutschen und Gummiböden moderner Spielplätze. Allein die aufgestellten Schriftstellerbüsten versuchen, dem Park etwas Würde abzugewinnen, überzogen mit Taubendreck, verewigt mit den leicht hängenden Wangen ihrer reifen Künstlerjahre. Ich weiß nicht, ob Svevo gerne ins Kino ging, aber zu den schönsten Dingen hier gehört es, an einem Sommerabend einen Open-Air-Film im Giardino Pubblico anzuschauen. Es sich mit einem Becher Kirscheis auf den Holzstühlen gemütlich zu machen, den jeweiligen, hoffentlich nicht langweiligen Film anzusehen und dann sitzen zu bleiben, den Kopf zurückgelegt, um zwischen den mächtigen Kronen der Platanen die Sterne anzuschauen. Der Giardino Pubblico ist immer noch ein hochherrschaftlicher Ort, und um wie viel mehr muss er dies vor einigen Jahren gewesen sein, wenn es stimmt, dass ein abgebrannter Theatermensch hier einen Schwan stahl, um ihn sich von einem befreundeten Wirt braten zu lassen (so die Meldung im *Piccolo*, lokales Presseorgan und absolute Autorität in Sachen Stadtgespräch). Kurz gesagt, wer weiß, wie verwirrt unser armer alter Svevo wäre, wenn er tatsächlich seine Bronzefüße von dem Podest auf der Piazza Hortis lösen würde, um eine Runde durch die Stadt zu drehen.

Vielleicht sollte dieser Spaziergang, der immer sprunghafter wird, schließlich im Karst enden. Ja, schon wieder der Karst. Trotz der neuen Autobahntunnel, trotz der Eingrenzung und Urbanisierung der Wälder ist das Hochplateau des Karsts noch so wie einst. Svevo würde seine Rauheit und zugleich unberührte Kumpelhaftigkeit wiedererkennen. Er müsste nur über seine »geliebten Vorstadtstraßen« fahren, hinauf nach Opicina, den Haarnadelkurven folgend bis Conconello. In jeder Kurve bricht die Leitplanke wie durch Magie ab und öffnet einen engen Spalt auf die Vegetation des Straßenrands. Dort, in den engen Nischen der Sträucher verkrochen sich Emilio und Angiolina. Dort verkriechen sich die Jugendlichen bis heute – in Papas Auto.

Piazza Oberdan, zwei Verliebte

Dröhnend verkündet Carduccis Stimme auf der Gedenktafel für Guglielmo Oberdan: »Gestorben als Heiliger für Italien, zur Abschreckung, Mahnung und Warnung an die Tyrannen von außen und die Schwachmütigen von innen.« Oberdan ist einer der schönsten Plätze Triests gewidmet, weit, rund, im Rücken geschützt durch die Kolonnaden, die zum Gerichtspalast hinaufführen, nach vorne hin offen für die größeren Verkehrsadern der Stadt. Doch in der Mitte des Platzes steht nicht das Denkmal des jungen Irredentisten, sondern eine Bronzeskulptur mit dem Namen *Hohelied*, ein Werk von Marcello Mascherini.

Vor einiger Zeit hatte der Stadtrat aus klar nationalistischen Gründen überlegt, die Mascherini-Bronze durch eine andere zu ersetzen, die Attilio Selva in den 1930er-Jahren geschaffen hat, der Bildhauer des faschistischen Regimes und Schöpfer des Denkmals für die *Gefallenen von San Giusto*, das seit eh und je in der Nähe der *Casa del Combattente* wenige Schritte von der Piazza entfernt steht. Daraus entwickelte sich ein öffentlicher Disput. Die Gegner des Stadtrats kritisierten die Rhetorik und Schwülstigkeit von Selvas Oberdan, vor allem aber den Geist, dem der Wunsch nach Auswechselung entsprang; die Unterstützer des Rats bezweifelten die thematische Zugehörigkeit von Mascherinis Werk – warum ausgerechnet das Hohelied?

Guglielmo Oberdan kehrt am 16. September 1882 nach Hause zurück, zu den Feierlichkeiten für fünfhundert Jahre »freiwillige« Unterwerfung Triests unter Österreich und Franz Josephs Pomp-und-Gloria-Besuch in »seiner« Stadt am Meer. Er ist vierundzwanzig Jahre alt. Seit vier Jahren studiert er am Polytechnikum in Rom und gehört zu den rührigsten Aktivisten der Irredentisten-Bewegung. In einem Beutel verbirgt er zwei hübsche Bomben für den Kaiser. Allerdings erreichen weder sie noch er jemals ihr Ziel. Ein Spion lässt Oberdan am Bahnhof festnehmen, und am 20. September endet die Lebensgeschichte dieses jungen Mannes – für uns ein Held, für die Österreicher ein Kamikaze – auf dem Schafott der *Caserma Grande*.

Aus seiner Geschichte aber erblüht auch eine andere Geschichte, noch schöner, die die Nationalisten des Stadtrats vielleicht nicht kennen und die Marcello Mascherini wohl im Sinn gehabt haben muss – zumindest möchte ich das gerne glauben –, als er sich für die schlanken Gestalten der zwei Verliebten entschied und ihre sehnsüchtige Umarmung auf der Platzmitte.

Pino Robusti ist zweiundzwanzig, als er am Morgen des 19. März 1945 an einer sonnigen Stelle der Piazza Oberdan auf seine Verlobte wartet. Es sind die ersten warmen Frühlingstage. Die Umrisse der Bäume ragen so frisch in die klare Luft, dass man Lust bekommt zu springen und zu tanzen. Wer weiß, vielleicht pfeift Pino leise vor sich hin. Aus der Tram weiter vorn – der berühmten Zahnradbahn von Opicina – steigen eine Menge Leute aus, doch Laura ist nicht unter ihnen. Eine deutsche Polizeistreife schlendert vorbei, bemerkt den jungen Müßiggänger, der auf der Piazza herumhängt, und hält ihn ohne besonderen Anlass, einfach aus einem Automatismus mentaler Prozesse heraus, zur Kontrolle an. In seiner Brieftasche finden sie den Ausweis der Organisation Todt, einer deutschen Regierungsstelle für Zwangsarbeit in den besetzten Ländern. Warum bist du nicht bei der Arbeit, Junge? Heute habe ich frei, ich studiere Architektur in Venedig. Ach ja? Na, dann komm mal mit, wir überprüfen das. Pino Robusti ist kein Partisan, als er festgenommen wird. Doch er wird zu einem während seiner zwanzigtägigen Haft in der Risiera, an deren Ende der Verbrennungsofen steht. Seine heimlichen Briefe an die Eltern und die Verlobte gehören zu den kostbarsten Zeugnissen über die Lebensbedingungen der Gefangenen im Haftlager San Sabba. Durch eine Reihe von Missverständnissen landet er bei den »politischen« Häftlingen, denen er sich schnell anschließt, deren Geist und antifaschistische Ideale er teilt. Am Ostersonntag wird er zusammen mit den zweiunddreißig Genossen in eine Kirche gebracht. Anschließend wird er mit ihnen im Hof, vor dem entgeisterten Blick des SS-Feldwebels, die Partisanenhymne singen. In der Jacke, die seine Mutter unter den Kleidern der getöteten Häftlinge findet, stecken drei Notizzettel, die auf den 5. April 1945 datiert sind.

Meine Laura,
[...] seit zwei Tagen verlassen uns Dutzende Männer und Frauen mit unbekanntem Ziel. Vielleicht ist auch meine letzte Stunde gekommen. In dieser Ungewissheit halte ich es für meine Pflicht, dir als Erinnerung diese Zeilen zu schreiben.

Du weißt, meine Laura, wie schmerzlich die Trennung von dir für mich war, zudem unter Zwang. [...] Wenn eintrifft, was ich befürchte, werde ich eines der hunderttausend Opfer sein, die nach kurzem Prozess in dem einen oder anderen Lager dahingerafft wurden. Für euch wird es schrecklich sein, in der

Masse aber ein Nichts, eine winzige Ziffer mehr in dieser Zahl mit so vielen Nullen. Die Menschheit hat sich längst daran gewöhnt, im Blut zu leben.

Ich glaube, was zwischen uns war, war für unser Alter normal und folgerichtig, und ich bin überzeugt davon, dass du von mir nichts gelernt hast, das dir moralisch oder körperlich schaden könnte.

Deshalb empfehle ich dir als meinen letzten Willen, dass du nicht aus Schwäche oder Schmerz von diesem Weg abweichst, den ich dich in aller Bescheidenheit mit viel Liebe, Sorgfalt und Leidenschaft gelehrt habe.

Es kommt mir merkwürdig vor im Schreiben an dich, dass mich in wenigen Stunden eine Salve für immer niederstrecken könnte, ich bin ruhig, fast möchte ich sagen heiter, nur schmerzt es mich aus tiefster Seele, dass ich nicht angemessen, wie ich gewollt hätte, die Blüte deiner Jugend habe pflücken können, der einzige und am meisten ersehnte Lohn meiner gesamten Existenz.

Glaube mir, meine Laura, auch wenn ich nicht mehr sein sollte, ich werde dir immer folgen. […]

Nun fühlte ich mich in der Pflicht, dir einen letzten Gruß zu senden, doch für meine Eltern fehlt mir dazu der Mut, zu grausam wäre, was ich ihnen sagen müsste, als dass ich die Kraft finde, ihnen solchen Schmerz zuzufügen.

Sie werden es verstehen, das ist das Einzige, was ich hoffe.

Sie werden es verstehen.

Lebe wohl, angebetete Laura, ich gehe auf das Unbekannte zu, auf Ruhm und Vergessen, sei stark, aufrichtig, großzügig, unbeugsam. Heilige Laura.

In meinem letzten Kuss für dich stecken all meine Gefühle, Familie, Heim, Vaterland, Kinder.

Lebe wohl, Pino.

Und ich möchte glauben, dass Marcello Mascherini diese Geschichte gut kannte und diese letzten Worte, noch bevor Mimmo Franzinelli sie in seinem großartigen Buch *Ultime lettere di condannati a morte e di deportati della Resistenza* versammelte. Mir gefällt die Vorstellung, dass Mascherini sie schon so gut kannte, dass er sich von ihnen für sein *Hohelied* inspirieren ließ. Wenn ich an den Satz denke »ich bin überzeugt davon, dass du von mir nichts gelernt hast, das dir moralisch oder körperlich schaden könnte«, sehe ich die Sanftmut, das Taktgefühl, die vorzeitige Reife eines Zwanzigjährigen, der einen Schritt vom Tod entfernt seine Liebste auf ein neues Leben einschwört, auf neue Chancen, ihr die Last der Verzweiflung nimmt und sie im Namen des zukünftigen Ehemanns sogar bezüglich der Jungfräulichkeit beruhigt. Ich sehe die perfekte Liebe zwischen Laura und Pino, ihre Küsse, ihre Begegnung, zu der es auf der sonnendurchfluteten Piazza Oberdan nicht mehr kam. Ich sehe das, was Mascherini gesehen haben muss, dessen bin ich sicher, und ich frage mich, ob es nicht nur fair ist, wenn die zwei Verliebten dort in inniger Umarmung zwischen den Bänken stehenbleiben dürfen, stellvertretend für ihren Altersgenossen Guglielmo.*

---

* Wenn euch Mascherinis Bronzestatue gefällt, kann ich euch noch eine andere empfehlen. Sie steht im Museo Revoltella und heißt *L'estate* (ein Mädchen, das mit lauter Stimme jemanden ruft und in seiner Reinheit an die *Fanciulla piena d'amore* von Arturo Martini erinnert).
Das Revoltella vereint eine wunderschöne Sammlung von Kunstwerken des zwanzigsten Jahrhunderts, doch *L'estate* allein ist schon den Eintrittspreis wert. Ganz davon abgesehen, dass ihr euch von der Terrasse der Cafeteria aus für eine Weile als Herrscher der Welt fühlen könnt.

San Giacomo. Die »bobe«, die »babe«, die »taliàni«

Was nun solche Sachen wie Nationalismus, Irredentismus, Lokalpatriotismus angeht und ihre besonders komplexe Vielschichtigkeit in Triest, kann ich mir vielleicht mit einer Anekdote weiterhelfen. Seit einigen Jahren wohne ich im Stadtteil San Giacomo. San Giacomo ist eines der schönsten Viertel, aber es wird kaum passieren, dass euch jemand dorthin führt: Es gibt keine nennenswerten Museen oder Denkmäler, es gibt kein Meer und nicht einmal einen Park wie in San Luigi. Ihr könnt natürlich auf eigene Faust herkommen, mit der Linie 1, oder indem ihr den Möwen folgt, die von der Küste wie satellitengesteuert zwischen den Mietshäusern hindurchfliegen – beim Klang des *sssst,* wenn ihre Flügel die Wäscheleinen streifen, wird einem ganz anders –, aber ich warne euch, in San Giacomo spricht niemand Italienisch. Und jetzt die Anekdote.

Auf einem meiner Erkundungsgänge durch das neu bezogene Wohnviertel laufe ich immer weiter, der Via dell' Istria folgend, und entdecke eine Vinothek. Neugierig geworden und auch ein wenig entsetzt, in dieser Gegend, wo es vor alten Osterien nur so wimmelt, auf einen hippen Slow-Food-Laden zu stoßen, beschließe ich hineinzugehen. Drinnen entspanne ich mich: An den Tischen sitzen die üblichen *bobe* (gealterte Lausbuben) und am Tresen zwei *babe* (Schwatztanten, zugleich aber auch die Bezeichnung für Frauen allgemein), deren Zungen nur stillstehen, wenn sie an ihrem Spritz nippen oder sich einen Mortadella-Würfel vom Aperitif-Tellerchen in den Mund schieben. Auch wenn die gemauerten Wände unverputzt sind und in den Regalen der eine oder andere kostbare Tropfen steht, ist dies nur dem Namen nach ein Weinlokal, zum Glück. Während auch ich einen Spritz und etwas zum Knabbern bestelle – es ist bald Mittagszeit –, kommen zwei Riesen in der Kluft der italienischen Telekom herein. Der Wirt heißt sie lautstark willkommen, stellt ihnen Getränke hin, schallendes Gelächter und nicht enden wollendes gegenseitiges Schulterklopfen. Dabei ist es nebensächlich, was bei der Begegnung genau gesagt wird. Wichtig ist, dass die Unterhaltung auf Triestinisch abläuft, obwohl der Wirt seinem Akzent nach eindeutig Süditaliener ist, und noch wichtiger, dass der Wirt den einen Telekom-Mann, der die Rechnung begleichen will, mit folgender Bemerkung abserviert: »Ach, geh mir doch weg, *taliàn*!«, woraufhin das ganze Lokal in schallendes Gelächter ausbricht.

Cosimo – so heißt der Wirt – bringt uns zum Lachen, weil er in diesem Moment in seinem Weinlokal der einzige *taliàn* ist. Als gebürtiger Kalabrier aus Vibo Valenzia hat er fünfzehn Jahre lang in Turin gearbeitet, bis ihn 1975 die sogenannten Schicksalsfälle des Lebens nach Triest führten, wo er seine Abfindung aus der Fabrik einbrachte, um dieses Lokal zu eröffnen. In dem Wort *taliàn* schwingt durchaus eine sympathische Note mit, auch wenn es erst einmal abwertend konnotiert ist (wie *boba* und *baba*), und Cosimo gebraucht es in seinem fast perfekten Triestinisch mit unwiderstehlich charmanter Selbstironie.

Anders als man denken würde, ist *taliàn* nicht gleichbedeutend mit *terrone,* wie die Norditaliener ihre südlichen

Landsmänner gerne abwertend betiteln, sondern eine Sonderform davon. *Taliàni* sind alle Einwohner der Halbinsel, die nicht Triestiner sind, alle, die sich zur Verständigung des Standarditalienischen bedienen oder im an sich löblichen Versuch, Triestinisch zu sprechen, einen fremdländischen Akzent aufweisen. Die *taliàni* sind die anderen, die da drüben, jenseits der Küste. Auch die Friauler sind *taliàni*, vielleicht sind sie – die *furlani* – in der triestinischen Psychologie sogar noch taliànischer als alle übrigen Bewohner ein paar Breitengrade tiefer im Land. Ich lege so viel Wert auf diesen Begriff, weil er so erhellend ist für die nationale Frage und sie aus einem anderen Blickwinkel beleuchtet. Jahrzehntelang war die *Italianità*, das Italienisch-Sein, ein Wert, mit dem sich die Rechte die Mehrheit der Stadt sicherte, indem sie den Menschen ein Bedürfnis nach Identität einredete – als ob es den Triestinern je an Identität gemangelt hätte –, um damit einen sehr deutlichen antislawischen Tenor zu rechtfertigen (nicht nur in der postfaschistischen Partei *Movimento Sociale*). Dabei ist es so, dass diejenigen unter uns, die familiengeschichtlich und kulturell am stärksten im Italienischen verankert sind, ihre *Triestinità* als essentielles Unterscheidungsmerkmal empfinden, das aus den anderen *taliàni* macht. Weit davon entfernt, das Symptom eines krankhaften Autonomiebestrebens zu sein – auch dies fand in der Vergangenheit seine Ausschläge und Eruptionen –, ist dies der Beweis für eine Mentalität, die in sich genug Antikörper gegen jede Art von Nationalismus birgt, auch wenn sie sie manchmal nicht zum Einsatz bringen konnte. Oder noch deutlicher, die Triestiner jubeln bei Weltmeisterschaften für die italienische *squadra azzurra* und sind bei der Fanfare der Bersaglieri gerührt, doch sie wissen zumindest unterschwellig, dass ihre Geschichte weitaus komplexer ist, als es ihr Personalausweis glauben machen will. Sie wissen, dass man nur drei, vier Generationen zurückgehen muss, um auf griechische, österreichische, slowenische, kroatische, ungarische Wurzeln zu stoßen. Sie wissen, dass diese Stadt von Maria Theresia, Napoleon, Österreich-Ungarn, den Faschisten und kurz auch mal von Tito regiert wurde, und dann eine ganze Weile von den Amerikanern. Sie wissen, dass das Telefonbuch voll ist mit Bevilacquas, die früher Vodopivec hießen, mit Giannellis, die Janesich hießen, mit Fabbrettos, die Covacich hießen, und dass Italienisch-Sein in Triest auch bedeutet, all das nicht zu vergessen. Doch ohne die vielen Worte, mit denen ich dies erkläre, sondern allein durch ein beiläufig hingeworfenes *taliàn*, das gerade in seiner trivialen Leichtfertigkeit ebenso wenig italienerfeindlich ist wie slawenfreundlich (oft ist es aber der Fehler derjenigen, die das Wort *taliàn* benutzen, dass sie auch das ungleich schwerer wiegende *s'ciavo* für ihre slawischstämmigen Mitbürger verwenden).*

Natürlich sind das keine schönen Wörter, politisch inkorrekt, doch wenn Cosimo es schafft, sich die Beleidigung *taliàn* auf so schwindelerregend paradoxe Weise anzueignen, dann ist die Mischung vollbracht, die Einzelteile haben ihre Konsistenz verloren, fallen auseinander und vermischen sich zu einem einzigen Brei. Das ist es, an Orten wie San Giacomo bekommt man den Eindruck, Triest sei über den Schmelztiegel weit hinaus – es wirkt viel eher

---

* Venetisch *s'ciavo* beruht auf dem lateinischen *sclavus* = Sklave. Bezeichnet zunächst die slawische Volksgruppe und entwickelte sich später zum italienischen *Ciao*.

wie ein Milchshake! Nun hat der Milchshake für all jene, die keine Angst davor haben, sich nicht genug als Kinder der Trikolore zu fühlen, einen angenehmen Geschmack, ich würde fast sagen, einzigartig im Sinne von unverwechselbar anders, immer anders. Für jene aber, die diese Andersartigkeit als Ausdruck mangelnder Vaterlandsliebe fürchten, scheint der Shake fade, ungesund und zu unansehnlich für die Gourmetküche (also das Fernsehen, die Zeitungen und das Parlament). Letztere haben eine wahre Herkulesaufgabe. Sosehr sie sich auch bemühen und ihre Fahnen schwenken und die Nationalhymne singen, der Shake wird immer mehr und macht sich überall breit. Man braucht gar nicht nach San Giacomo zu kommen, das Theresien-Viertel und die Gassen rund um die Piazza Ponterosso reichen schon, wo vor fünfzehn Jahren noch schwunghafter Handel mit minderwertigen Jeans und anderen Billigwaren getrieben wurde, die für die slawische Klientel vorgesehen waren. Jetzt sind viele Händler der Gegend in Rente gegangen – nachdem sie sich geräumige Ruhestandsvillen gebaut haben –, und ihre Geschäfte wurden von den Chinesen übernommen.

Auf dem Weg durch die Via Trento, Via Milano, Via Machiavelli springen sie ins Auge, in der Fluchtperspektive der schnurgeraden Straßen, lange Reihen roter Laternen. Auch die Kundschaft ist abwechslungsreicher geworden: Zu den Käufern der jenseitigen Grenzgebiete gesellen sich nun Ruheständler von hier. Und welche Sprache haben die neuen Händler angenommen? Slowenisch und Triestinisch natürlich. Meine Mutter, die sich gerade eine Baumwollbluse gekauft hat (fünf Euro), sagt, wenn man Italienisch mit ihnen spricht, verstehen sie dich nicht. Das gleiche Bild auf der Uferpromenade von Barcola, wo ich manchmal mit einer *taliàna*-Freundin hingehe: Wenn sie mit einem afrikanischen Händler um eine Haarspange oder ein Halstuch feilschen will, muss ich übersetzen, weil der junge Mann aus dem Senegal direkt nach Triest gekommen ist und kein Italienisch versteht.

Ich will euch etwas beichten: Ich selbst habe Italienisch in der Schule gelernt, genau wie eine Fremdsprache, wie fast alle meiner Klassenkameraden. Aber wenn ihr bedenkt, dass selbst Italo Svevo, einer der größten Schriftsteller Europas, der als Bankangestellter ständig auf Deutsch, Französisch und Englisch kommunizierte, unsere Sprache aus den Büchern gelernt hat, werdet ihr verstehen, wie verbreitet dieses Phänomen ist, das weit über jedes soziale Gefüge hinausgeht (auch sein Freund Joyce erzählte ihm liebend gern Witze auf Triestinisch).

Natürlich gilt auch hier: In den seltenen Fällen, in denen der Dialekt zum reinen Selbstzweck wird, zum Ausdruck einer vermeintlich überlegenen Besonderheit wie in der Spielart des klassischen Lokalpatriotismus, macht sich das Triestinische genauso lächerlich wie der, der es spricht. Doch wenn der Dialekt die Mittlersprache des Milchshakes ist und als Esperanto der »andersartigsten« aller italienischen Städte fungiert, dann macht es seinen Sprecher paradoxerweise noch kosmopolitischer. Es ist die gewisse Prise Understatement eines Ortes, der sich aus historischer Notwendigkeit in seinen halbamtlichen Kleidern wohler fühlt als in den amtlichen.

Zwei Triestiner Dozenten, die sich auf den Fluren der Universität begegnen, werden kaum italienisch miteinander reden, auch wenn der eine italienische Literatur lehrt und der andere Dante-Spezialist ist. Einmal wurde ein Philosophie-Seminar – fünfzehn Studenten und zwei

Professoren, alle außer mir von außerhalb – durch eine Professorin unterbrochen, die hereinkam und uns über eine dringende Verwaltungsangelegenheit informierte. Nachdem sie sich mit ihren zwei Kollegen besprochen hatte, fragte sie: »*Taco un tacomaco in bacheca?*«, und wurde mit einem allgemeinem Applaus bedacht für das, was in den meisten Ohren wie eine Zauberformel oder ein Kinderreim aus der Karibik geklungen hatte (sie war Anthropologin). »Attacco un avviso in bacheca? – Soll ich eine Mitteilung ans schwarze Brett hängen?«, wäre nicht dasselbe gewesen. In der Originalversion steckte die Respektlosigkeit und antibürokratische Laune der Wissenschaftlerin, ihr ermatteter, aber immer noch spritziger Geist. Sollte diese Professoressa mal zu jemandem *taliàn* sagen, ich bin sicher, sie würde es wie Cosimo tun, mit dem gleichen ironischen Unterton, der die Bezeichnung erst echt macht.

Tja, Cosimo. Dieser Ausflug ins Linguistische hat mich von seiner Vinothek weggeführt. Heute heißt sie anders, sie ist ein »Buffet Al Canton« geworden. Wahrscheinlich hat ihn jemand zur Vernunft gebracht, vielleicht seine Freunde von der Telekom. Der Laden passt jetzt besser in die Umgebung. San Giacomo ist ein bisschen eine Mischung aus Pigalle und Montmartre, sagen wir Pigalle ohne Peep-Shows und Montmartre ohne Straßenmaler, doch die Atmosphäre in den Straßen ist dieselbe. Zum Beispiel gibt es nirgendwo sonst in der Stadt – und auch nirgendwo in Italien, soweit ich das überblicke –, ein so hartnäckiges Festhalten der Männer am Pferdeschwanz der achtziger Jahre. Vielleicht wegen der Nähe zum Hafen, vielleicht aus einer atavistischen Extravaganz heraus verfügt das Viertel über die höchste Dichte von fünfzig-

bis sechzigjährigen Freaks, die mir je untergekommen ist. Aber vor allem wegen seiner erstaunlichen Fülle an kaufmännischen Dienstleistungen und Aktivitäten könnte San Giacomo der Versuchung der Autarkie erliegen. Allein an den vier Seiten des Hauptplatzes zählt man: sechs Bars, ein Wurstgeschäft, eine Eisdiele, eine Kurzwarenhandlung, einen Bäcker, einen Schreibwarenladen, eine Parfümerie, eine Apotheke, einen Glaser, einen Schmied, ein Reisebüro, eine Fahrschule, eine Fischhandlung, drei Bekleidungsgeschäfte, drei Verkaufsstellen der drei größten Mobilfunkanbieter, eine Crêperie, eine Pizzeria, eine Trattoria, einen Optiker, einen Allgemeinmediziner, einen Zahnarzt, einen Milchladen, einen Metzger, eine Bank, zwei Zeitungsverkäufer, ein Büro des Christlichen Arbeitnehmerverbands, ein Geschäft für Haarschmuck und Perücken (das, so glaube ich, auf die Sangiacominische Leidenschaft für Haare abzielt) und mitten auf dem Platz die Stände der Obst- und Gemüseverkäufer, Blumenstände und die Kirche. Kurz, der Einzelhandel regiert hier noch als Souverän, und man erkennt das – keine Ahnung, wo Ursache und wo Wirkung liegen – auch an dem andersartigen Menschengewimmel. Alles bewegt sich regsam, mit kleineren Einkaufstaschen und flinken Blicken, ständig auf Erkundung. Selbst die Katzen in San Giacomo sind weniger schläfrig. Sie müssen aufpassen und die Katzenfrauchen abfangen, die ihnen immer mal wieder etwas zu fressen hinwerfen. Wer da nur wenige Minuten zu spät kommt, sieht das Gekröse in den Schnäbeln der Möwen verschwinden. Ich bin ein großer Katzenfan und hege eine besondere Abneigung gegen Federvieh, doch ich muss zugeben, wenn ich das Silbermöwenpaar sehe, das auf dem Müllcontainer unter meinem Haus wohnt – ihr fremdartiger Körperbau, wie trainierte Puter, der flinke Blick und das auf Hochglanz getrimmte weiß-graue Gefieder –, dann denke ich, dass sie am allerbesten in die Freak-Atmosphäre der Umgebung passen.

Von Barcola nach Ausonia, in Badesachen

Jetzt ist es an der Zeit, die Badesachen anzuziehen, Barcola erwartet uns. Die Linien 6 und 36 fahren in kurzen Abständen dorthin, so dass ihr euch die nervenaufreibende Parkplatzsuche sparen könnt – es sei denn, ihr seid Frühaufsteher, aber richtige Frühaufsteher, dann kommt ihr vielleicht noch rechtzeitig, um eine Parklücke vor der Oleanderhecke zu ergattern, die den Strand flankiert. Na ja, Strand, sagen wir lieber die Promenade, denn das Meer in Triest ist voller Klippen und statt des Sandstrandes gibt es einen drei Kilometer langen Betonstreifen, kaum ein Dutzend Meter breit, wo die Leute auf mitgebrachten Liegestühlen in der Sonne liegen oder flanieren, als wären sie direkt am Strand. Als Zugang zum Meer wurden in Hundert-Meter-Abständen kleine Metallleitern angebracht, doch viele Leute klettern lieber auf den Felsstreifen direkt hinter der Betonfläche und springen von dort aus ins Meer. Die Oleanderhecke wurde vor einigen Jahren als Sichtschutz angelegt, nachdem es zahlreiche Auffahrunfälle aufgrund abgelenkter Autofahrer gegeben hatte. Die Badegäste – und das schließt die Frauen natürlich ein – nehmen ihr Sonnenbad wenige Meter von der Straße entfernt, was Auswärtige vielleicht am meisten irritiert. Ein breiter gepflasterter Bürgersteig, der als Sonnenbank dient. Das Ganze ist weit weniger unangenehm, als es klingen mag. Es gibt Kioske, Duschen, Toiletten, und das

Wasser ist so klar, dass du dein Handtuch sogar auf dem Wagendach ausbreiten würdest, nur um dich ins Meer zu stürzen.

Der Küstenabschnitt bei Barcola ist aber nicht nur im Sommer ein beliebtes Ziel. Wir werden ihn nun Stück für Stück unter die Lupe nehmen, wobei ihr im Kopf behalten müsst, dass die Triestiner das ganze Jahr über ans Meer gehen. Hier nehmen sie einen Snack ein, sitzen lesend auf den Felsen, treffen sich zum Plausch mit Freunden. Hier finden sie zueinander, und hier trennen sie sich. Hierher kommen sie in dicken Wintermänteln und beobachten, wie die Wellen sich schwarz färben. Hier führen sie den Hund aus, angeln, joggen und fahren Inliner. Hierher kommen sie an den ersten milden Märztagen und suchen irgendwo Schutz vor dem Wind, um sich unverzüglich zu entblößen, und sei es nur, indem sie den Pullover ausziehen oder sich die Hose hochkrempeln für das erste Sonnenbad des Jahres. Hierher kommen sie an den letzten milden Oktobertagen, in den wärmsten Stunden des Tages, um sich wie menschliche Sonnenkollektoren einen Vorrat an Wärme zuzulegen für die langen Wintermonate. Hierher kommen sie auch, ohne herzukommen, denn in Triest ist das Meer eine Seite des Zimmers, am Morgen stehst du auf und weißt, wo es ist, und ganz gleich, wo du bist, du weißt immer, dass es auch da ist. Damit will ich nur sagen, dass man von hier aus das Meer anders wahrnimmt als von einer normalen Badeanstalt, und ich möchte hinzufügen, auch anders als in den anderen großen Küstenstädten. Das Meer von Neapel, Palermo, Genua ist weniger nah, weniger zugänglich: Fährt man ein Stückchen raus, stößt man schnell auf herrliche Küstenorte, doch es herrscht weniger Vertrautheit zwischen dem

Alltag der Menschen und dem Alltag des Meeres. In Triest hingegen wird mitten in der Stadt gebadet (wir kommen später noch zu den Badeanstalten Lanterna und Ausonia), und wo immer man an der Küste ist, kann man überall ranfahren, anhalten und sich auf der Straße umziehen – nur bei den Topolini gibt es Umkleiden, wie wir sehen werden –, ein paar Schritte tun und das Wasser berühren. Dieser vertraute und mehr als regelmäßige Umgang liefert auch eine plausible Erklärung für die triestinische Redewendung »andar al bagno«, das in anderen Regionen Italiens »ins Bad, auf die Toilette gehen« bedeutet. Hier bedeutet es »ein Bad nehmen«, und zwar im Meer, so als sei Barcola die heimische Badewanne, die man barfuß oder zumindest in Hausschlappen erreicht.

Wir werden die Küstenpromenade bei Barcola von der Peripherie in Richtung Zentrum ablaufen. Beginnend beim Bivio di Miramare, der Abzweigung, die in entgegengesetzter Richtung zum Castello Miramare führt. Von der Autobahn die Ausfahrt Sistiana nehmend, fährt man zehn Kilometer an der Küste entlang, wie über ein natürliches Felsband, das sich hoch über dem Golf an den Berghang schmiegt. Dort unten liegen verschiedene Strandbäder, oft nur durch fast unsichtbare Hinweisschilder gekennzeichnet, manchmal kostenpflichtig wie das Ginestre oder das Riviera, manchmal frei zugänglich wie das Filtri, das Canovella, das Tenda Rossa, das Costa dei Barbari. Sie liegen alle wunderschön im Grünen, mit kleinen Stränden, wo die Kiesel bis an den Felsen heranreichen, doch sie vermitteln eine andere, nicht ganz so leichtfüßige Idee vom Baden: Weiter von der Stadt entfernt und oftmals komfortabler ausgestattet (Strandliegen, Sonnenschirme usw.), ähnelt das Baden hier eher dem klassischen Tagesausflug ans Meer. Deshalb überspringen wir diese durchaus hübschen Badeeinrichtungen entlang der Küste. Denn was das »andar al bagno« betrifft, entspricht Barcola viel eher der entspannten Haltung der Triestiner.

Nun also, die Abzweigung.

Sie liegt in dem Abschnitt, wo die gepflasterte Promenade sich zu einem schmalen Bürgersteig verengt, der bis zum Schloss führt, und dort treffen sich junge Leute zwischen zwanzig und fünfunddreißig, in der Regel Univolk (Studenten, Doktoranden, Stipendiaten), Weltenbummler aus der nahen Jugendherberge und Singles, die auf den verheißungsvollen Nachwuchs der ersten beiden Kategorien schielen. An diesem Ort sieht man die am besten geformten Körper. Hier geben Fitnesscenter und Bräunungsgrad den Ton an, doch wenn euch der Vergleich nicht schreckt, werdet ihr ein paar schöne Stunden verleben. Am Bivio können alle gut schwimmen, viele kommen mit dem Fahrrad, fast niemand raucht. Es ist ein Stückchen Malibu, das auf die Adriaküste gepappt wurde und bestens die Kreuzung der neuesten Fitnesswelle mit der uralten Passion der Triestiner für physisches Wohlergehen und Sport veranschaulicht. Der Hedonismus hier ist irgendwie viel inniger und aufrichtiger und nicht der Effekt einer postmodernen Modewelle. Von Kind auf wurde diesen Jugendlichen der Kult für Sonne, Meer und Bora anerzogen. Es ist normal, dass sie gut aussehen.

Mit zunehmender Entfernung vom Bivio verändert sich die Typologie. Bis zur Marinella (die Abschnitte benennen sich nach den Restaurants oder Bars auf der jeweils gegenüberliegenden Straßenseite) stößt man nun auf ältere Menschen – Rentner, kleine Halbkreis-Grüppchen schnatternder *babe* auf ihren Liegestühlen, einige Paare, die Ruhe suchen – dann, bis zum California, kehrt die Jugend zurück, vor allem Teenager in Gruppen zu fünfzehn oder zwanzig, die um ihren Ghettoblaster lagern, die Rucksäcke mit Kleinkram vollgepackt, die Handtücher dicht an dicht wie ein einziges Frotteefloß, die Sturzhelme wie Jagdtrophäen, etwas abseits unter einem Baum die unpässliche Freundin mit ihrem Tagebuch oder einem Comic. Diese Hartnäckigkeit der jungen Mädchen, auch an den Tagen ihrer Periode ans Meer zu kommen, rührt mich irgendwie. Zu Hause auf dem Sofa ginge es ihnen wahrscheinlich viel besser, zumal sie hier zu einer Art Quarantäne gezwungen sind – sie dürfen nicht ins Wasser, nicht in der Sonne schmoren, bleiben stets im Schatten, wenn sie Glück haben in Gesellschaft einer Freundin –, und doch ist der Gruppeninstinkt stärker und zwingt sie nach draußen, selbst mit Kopfschmerzen.

Gleich nach dem California kommt man durch eine Mischzone: verschiedene Kioske, der kleine Touristenhafen, ein Tretbootverleih, ein Anglertreffpunkt, eine kleine, von gealterten Hippies frequentierte Sonnenterrasse. Es handelt sich um einen der ganz wenigen Abschnitte ohne präzise Physiognomie, doch schon bei den ersten Topolini kehrt die Homogenität zurück.

Die Topolini (wörtlich: die Mäuschen oder Mickymäuse) sind zehn große, nebeneinander gelegene Terrassen, unterhalb derer sich die öffentlichen Umkleiden und die eigentlichen Badeanlagen befinden. Auf den Terrassen sonnt man sich, unter ihnen zieht man sich um und springt ins Wasser – ich sage absichtlich »springen«, denn die kleinen Treppen, die hier über zehn Betonstufen bequem ins Wasser führen, nutzt fast nie jemand. Die Anlagen werden vor allem im ersten Abschnitt von verwegensten Jungscliquen frequentiert. So war es immer. Auch zu meiner Zeit waren die Topolini die Badestelle für Kinder aus den Sozialbau-Vierteln, vierzehnjährige Pasolini-Kids, Ninetto Davolis voller Anmut und Lebenshunger. Ich war einer von ihnen.

Was ich bei den Topolini besonders gern mache, ist, den Kindern bei ihren Sprungkünsten zuzuschauen. Manchmal komme ich nur deswegen hierher. Stundenlang lehne ich am Terrassengeländer und beobachte sie. Ich finde es erstaunlich, dass sie auf genau die gleiche Art ins Wasser springen wie meine Freunde und ich damals. Ich meine, diese Kinder kommen nur hier ans Meer, und es gibt niemanden, früher auch nicht, der ihnen zeigt, wie man eine *clanfa* macht. Es reicht nicht, dass dein älterer Bruder dir auf dem Bett vormacht, wie du die Arme halten musst, es reicht nicht, dass er dir sagt, du müsstest dich in der Luft ganz breit machen und kurz vor dem Wasser ganz klein, du brauchst einen *clanfa*-Lehrer vor Ort, auf der Mole. Doch hier auf der Mole sind nur Kinder. Wie also, bitte, werden die Sprünge weitergegeben? Über welche geheimnisvollen didaktischen Wege haben ich und diese Gören hier, trotz über fünfundzwanzig Jahren Abstand, dieselbe Form der *clanfa* gelernt? In einer Art persönlicher Sprungarchäologie versuche ich zu rekonstruieren, wo genau der Anfang meiner *clanfe* liegt, versuche ich mir den Moment zu vergegenwärtigen – auch Zwang wird dabei gewesen sein –, als ich zusammen mit anderen Kindern auf der Mole stand und als Einziger nicht wusste, wie man eine *clanfa* macht, den Moment der Demütigung, der dem Lernen vorausgeht. Ich grabe in mir, finde aber nichts, es sieht aus, als hätte ich immer schon gewusst, wie man ins Wasser springt. Ich fange an zu glauben, dass die Besucher der Topolini von einem inneren Instinkt getrieben werden, einer dunklen Macht, die in ihnen den Springer erkennt. Vielleicht gibt es im Erbgut dieser Kinder einen Ins-Wasser-Spring-Code, der sie von Geburt an in die Lage versetzt, solche Sprünge auszuführen, und der von Generation zu Generation weitervererbt wird, ohne dass je Lehrer von Schülern zu unterscheiden wären. Von wem haben diese Kinder das gelernt – frage ich mich immer noch –, wenn zu den Topolini seit Jahrhunderten nur sie allein kommen? Sie könnten meine Altersgenossen, meine Eltern, meine Großeltern sein, Blätter derselben immergrünen Pflanze, denke ich. Mittlerweile steht ein dünnes Gesteck von Junge bereit, mit tropfnassem Haar, die Badeshorts tief über dem Hintern hängend, nimmt er ganz langsam drei Schritte Anlauf und schmeißt sich in die Luft. Im Flug öffnet er sich wie eine Fledermaus und liegt perfekt parallel über der Wasseroberfläche. Es ist, als lasse er sich im Nichts treiben: die Hände hinter dem Nacken, die Beine in den Knien nach hinten weggeknickt, und auf dem Gesicht, tja, auf dem Gesicht der klassische Ausdruck von Snoopy in Ekstase. In den Augen eines Laien rast dieser Junge direkt auf einen sonoren Bauchklatscher zu, was seine Buddhamiene noch betont – die Vorstellung des Unschuldslamms, das sich gleich wehtut, ist essentieller Bestandteil des Sprungs. Einen Zentimeter über dem Wasser schließt sich der Junge zu einem Hufeisen, die eigentliche Bedeutung des dialektalen *clanfa*, und erzeugt so den kanonischen Platscher, Typ Wasserbombe, und eine himmelhohe Fontäne. Die anderen warten, bis er wieder auftaucht, um ihm zu sagen, wie hoch es gespritzt hat, dann ist der nächste, wenn möglich noch dünnere Junge an der Reihe, der sich an einer *bomba americana* versucht.

Überhaupt, die *bomba americana* zum Beispiel. Keiner weiß, warum die normale *bomba* – die Arschbombe – mit zwischen den Armen angewinkelten Beinen ausgeführt wird, während die sogenannte *bomba americana* ein nach unten ausgestrecktes Bein erfordert. Keiner weiß, warum die einzige Variante der *bomba* die *bomba americana* ist. Aber vor allem weiß keiner, warum, wo doch alle Kinder einzig und allein die amerikanische Bombe machen und man darum gar nicht unterscheiden müsste, die Dinger nicht schlicht und einfach Bomben genannt werden. Und so verkündet der dünne Junge gerade, dass er nun »un' americana« machen wird, und vollführt tatsächlich – gestreckter Fuß, krummer Rücken über angezogenem Bein – eine perfekte amerikanische Bombe, genau wie ich und meine Freunde sie machten, und noch auf der Leiter fragt er, wie hoch es gespritzt hat. So könnte es den ganzen Nachmittag weitergehen – nur hin und wieder unterbrochen, um irgendein Mädchen vom Handtuch hochzuziehen und ins Wasser zu schubsen –, immer weiter, Sprung ankündigen, Sprung ausführen, fragen, wie hoch es gespritzt hat. Ich erinnere mich noch sehr gut an diese eigenartige Trunkenheit, die daraus entstand, die pure Freude an der Wiederholung, wenn man sich in der schwindelerregenden Spirale aus dem Geräusch des Aufplatschens unter Wasser, dem dumpfen Rauschen des Blutes in den Ohren und dem Tun der anderen verlor, das im eigenen Tun immer und immer wieder durchlebt wird.

Während die ersten Topolini von kleineren und größeren Kindern mit blauen Lippen und verschrumpelten Fingern bevölkert werden, wechselt die Badeklientel bei den nachfolgenden. Zwischen dem achten und dem neunten Topolino – immer von Miramare aus gezählt – gibt es sogar ein Stückchen Kiesstrand, auf dem sich Kleinkinder mit Eimern und Schaufeln tummeln. Dies ist der Bereich der jungen Paare mit Nachwuchs, der neuerdings auch immer mehr von Serben frequentiert wird, vielleicht weil das niedrige Wasser sich hier mit deren mangelnder Gewöhnung ans Meer und an das Schwimmen allgemein versöhnt. Die Serben haben vor allem in den letzten Jahren in der Stadt Fuß gefasst. Beinahe alle Bauunternehmer profitieren von serbischen Arbeitern. Gegen sechs, sieben Uhr abends kommen sie mit ihren paar Habseligkeiten. Die Frauen halten die Kinder an der Hand. Die Männer haben noch Mörtelreste im Haar und blasen im Gehen die Schwimmflügel für die Kleinen auf. Sie haben sich hier zwischen den gebräunten, durchtrainierten Triestiner Müttern ihren Stammplatz erobert. Sie bleiben dicht beieinander, reden, lachen und demonstrieren die gleiche Lebensfreude, die wir Italiener in den sechziger Jahren gespürt haben müssen. Wer seine Badehose vergessen hat, wirft sich unter dem Gelächter der Freunde in Unterhose ins Wasser mit möglichst unbeteiligter Miene. Wer eine Steuerrückzahlung hatte, gibt eine Runde Bier am Kiosk aus. Sie sind um die dreißig, doch mindestens zehn Jahre älter als unsere Dreißigjährigen. Es ist unmöglich, nicht voller Neid auf ihre schlechten Zähne zu starren, auf ihr Glück.

Auch meine Eltern waren glücklich, als sie ins Pinienwäldchen, die Pineta, gingen. Gleich neben den Topolini liegt das Cedas – zwei kleine Kiesstrände, Frauen, Senioren und Kinder –, und gleich nach dem Cedas kommt die Pineta. Es ist der einzige Abschnitt von Barcola, wo die Promenade sich zu einer Art Park erweitert, höchstens zweihundert Meter tief und um die sechshundert lang, bestanden von einer Kolonie Zwergpinien, die von den Besuchern derart geliebt werden, dass ich mich nicht wundern würde, wenn sie ihnen Namen gegeben hätten. Auch weil die Pineta der einzige Ort ist, wo man Schutz vor der Sonne findet und natürlich jeder der Stammgäste seinen *eigenen* Baum hat.

Meine Eltern lagerten immer auf der Höhe des zweiten Trinkbrunnens. Sie verhielten sich wie Pioniere bei der Landeinnahme: Unter den Bäumen wurde das Schlauchboot umgedreht für das Schläfchen meiner Schwester, und der Liegestuhl wurde für die Mittagsruhe meines Vaters nach dem Essen postiert. Etwas weiter vorn dann der Picknicktisch, die Stühle, die Kühltasche und verschiedene Behältnisse mit dem Proviant, den meine Mutter vorbereitet hatte; am Rand des Schattens, zwischen der vordersten Pininenreihe und den Felsen, die Liege meiner Mutter mit Buch, Radio, Sonnencremes und einem Stapel Zeitschriften; auf dem Weg zwischen Schatten- und Sonnenlager verstreut mein Spielzeug, Tennisschläger, Flossen, Fischernetz und so weiter. Es waren die Siebziger Jahre. Die Jahre von »Going«, dem orangefarbenen ovalen Plastikgerät, das man mithilfe von Kunststoffschnüren hin und herschnellen lassen konnte, indem man die Arme kräftig nach außen zog. Die Jahre der »Klick-Klack-Kugeln«, zweier Holzkugeln an Bändern, die man immer frenetischer aneinanderknallen ließ wie beim Eierkochen – und du hörtest in der Tiefe des Pininenwäldchens die Kugeln der anderen klackern, fast wie den Ruf tropischer Vögel, und die Schmerzensschreie derer, denen sie aufs Handgelenk geknallt waren. Es waren die Jahre der Röntgenbrillen, für die in den einschlägigen Teenagerzeitschriften *Intrepido* und *Monello* mit dem gewinnenden Argument geworben wurde, man könne damit den Mädchen unter die Kleider gucken, die Jahre, in denen man wunderbarerweise noch an solchen und ähnlichen Unfug glaubte.

Wir kamen immer sonntags in die Pineta, zusammen mit zwei befreundeten Familien, den Maccan und den Del Vecchio, denen sich noch weitere Familien anschlossen, so dass wir ein richtiges Lager aufschlugen mit Kindern und allem, was das Herz begehrt. Ich spielte mit Sergio, Marina, Ada und vielen anderen. Meine Schwester Sara war um einiges jünger und versuchte mitzuhalten, so gut sie konnte. Wir machten eine Menge Lärm, wussten dabei aber stets, wie soll ich sagen, wo unser Platz war. Die Erwachsenen stellten im Leben die Hauptpersonen dar – nicht wie heute –; unser Spektakel veranstalteten wir immer am Bühnenrand. Wir aßen am Kindertisch, wir stritten, prügelten uns, wir lachten, immer unter uns. Von unseren Eltern bekamen wir alle Liebe und Nähe dieser Welt, doch niemand von uns wäre je auf die Idee gekommen, sie beim Kartenspiel oder beim Reden zu stören. Niemand hätte je gewagt, Papa aufzuwecken – indem er ihm etwa auf den Bauch sprang, wie ich es kürzlich erst gesehen habe –, um zu fragen, ob er mitspielt. Nicht etwa, weil Papa nicht nett war, sondern schlicht, weil Papa selbst entschied, wann er mitspielte, und im Moment schlief er eben, Punkt. Der Massenabstieg zum Strand geriet daher zu einem wahren Fest. Die Erwachsenen hatten Uhren, sie waren es, die den Zeitpunkt bestimmten, quengeln war zwecklos. Die Väter luden sich die Schlauchboote, Flossen und Neugeborenen auf. Die Mütter folgten ihnen mit den älteren Kindern und nutzten den kleinen Spaziergang –

unsere Badestelle lag im benachbarten Cedas –, um noch ein wenig zu plaudern und eine letzte Zigarette vor dem Schwimmen zu rauchen (in den Siebzigern rauchten einfach alle). Dieser Abtrieb wiederholte sich viermal am Tag: am Vormittag, kurz vor dem Mittagessen, nach dem Mittagsschläfchen und kurz vor dem Abendessen.

Sie waren die Serben, damals. Meine Eltern, die Freunde meiner Eltern, ihre Kinder. Doch im Gegensatz zu vielen anderen Städten ist in Triest die Gabe, das zu genießen, was das Leben dir schenkt, beim Sonnenuntergang auf seinem Picknickstühlchen zu sitzen und Reissalat zu essen, ist diese Gabe noch weitgehend intakt geblieben. Wer heute durch das Pinienwäldchen spaziert, um acht Uhr abends am 7. Juli 2005, der muss sich seinen Weg durch die gleichen Lagerplätze bahnen, zwischen den gleichen Familien hindurch – Männern und Frauen, die sich Teller und Ölfläschchen von einem Tisch zum nächsten reichen, die Kühle vom letzten Schwimmen noch auf der Haut, ältere Herrschaften, die in Badehose auf der Bank sitzen und vor der im Meer versinkenden Sonne Wassermelone essen. Diese Leute werden niemals auf den Pollern der Molen von Porto Rotondo sitzen, um zu sehen, wer der Yacht entsteigt. Diese Leute beneiden niemanden. Die Sonne, das Meer, die Pineta sind das Privateigentum von jedem von ihnen.

Um »ein Bad zu nehmen«, braucht man in Barcola nur ein paar Stündchen Zeit. Doch es gibt auch diejenigen, die noch weniger Zeit haben und dennoch nicht darauf verzichten wollen, was im Sommer in Triest ein tägliches Ritual ist, nicht ganz unähnlich den heiligen Waschungen am Ganges. Dann heißt die Lösung, besser gesagt heißen die Lösungen Lanterna und Ausonia.

Auf dem Molo dei Fratelli Bandiera, mitten im Zentrum, befindet sich das, was in vielen Reportagen die letzte Mauer Europas genannt wurde. Die Lanterna ist eine öffentliche Badeanstalt, die seit ihrer Einweihung im Jahre 1890 die Trennwand zwischen dem Bereich für die Männer und dem für die Frauen behalten hat. Am Eingang, komplett weiß gekalkt wie auch die Umkleiden und die übrige Anlage, zahlen die Badegäste ein Eintrittsgeld von einem Euro und teilen sich auf: die Männer nach rechts, die Frauen nach links. Bis zur Vollendung des zwölften Lebensjahres dürfen die Kinder den Bereich des jeweils anderen Geschlechts betreten. Es ist noch nicht lange her, da wurde die Schamgrenze noch in Zentimetern bemessen. Ein Meter zwanzig war die Grenze, über die hinaus die kleinen Jungs nicht mehr mit den Müttern gehen durften und die Mädchen nicht mit ihren Vätern. Gestern wie heute jedoch sind die Besucher der Lanterna alles andere als bigott. Du findest Freiberufler, Hausfrauen, ins Kartenspiel vertiefte Damenrunden, Babysitter im Einsatz und viele, sehr viele Verkäuferinnen in der Mittagspause. Du triffst Rentner, Angestellte aus der Innenstadt, Jugendliche aus den umliegenden Fitnessstudios. Es gibt kein fanatisches Pochen auf Traditionen, es ist vielmehr die unterschwellige Freude daran, die Eigenarten einer so alten Einrichtung zu respektieren, Freude daran, mit seiner Frau im Auto herzufahren, sie dann bei den Freundinnen abzuladen und sich in aller Ruhe den Männergesprächen widmen zu können, um sie dann vielleicht später wiederzutreffen, draußen im Wasser, auf der anderen Seite der Bojen (die Mauer endet etwa zwanzig Meter vom Ufer entfernt).

Auch die Lanterna hat somit etwas von der gepiercten Sissi, eine bizarr lässige, hochherrschaftlich hippe Österreicherin. Nicht zufällig heißt die Badeanstalt im Dialekt »el Pedocin«, eigentlich die Bezeichnung für den Ort, wo die Armen früher zum Entlausen hingingen.

Der Steinstrand des Pedocin und seine unglücklichen Badegäste, die sich ein wenig Ruhe vor den Parasiten verschaffen wollten, wurden von den angrenzenden Aussichtsterrassen des Bagno Ausonia beobachtet, dessen Besucher vor allem früher der eingeschworenen Gemeinschaft der besseren Gesellschaft angehörten. Heute ähnelt das Schwimmbad einer Ölplattform, die durch einen langen Betonsteg mit dem Festland verbunden und aus der Fusion zweier Badeanstalten entstanden ist: dem vornehmeren und älteren Bagno Militare Sant'Andrea, das dann unter dem Namen Stabilimento Balneare Savoia der zivilen Nutzung zugeführt wurde, und der massiven Anlage des ersten Bagno Ausonia. Die zwei Badeanstalten wurden durch eine Reihe von Stegen 1936 miteinander verbunden, drei Jahre nach der Einweihung des ersten Ausonia, und nahmen die einheitliche und unter diesen Voraussetzungen erstaunlich kompakte Form an, die sie bis heute dank einer klugen Sanierung in den fünfziger Jahren aufweisen. Von der Riva Traiana kommend erhebt sich eindrucksvoll am Horizont, jenseits des Sichtschutzes der wartenden Lastwagenschlange – wir sind nur wenige Schritte vom Verladebahnhof des Hafens entfernt –, der Leib dieses gigantischen Pfahlbaus, halb aus Holz und halb aus Stein, der auf schlanken Pfeilern aus Stahlbeton ruht. Auch von drinnen hat man einen sehr eindrucksvollen Blick, vor allem auf östlicher Seite (die des ersten Ausonia), wo die eleganten und irgendwie imperialen Linien der Uferbebauung sich mit dem Hintergrund der gelben Hafenkräne und den aufgerissenen Mäulern der mit Containern vollgeladenen Fähren überlagern. Die Badeanstalt verfügt über eine sehr gut besuchte Sonnenterrasse und ein Becken, das man besser als Wanne bezeichnen könnte, da es sich um ein fünfzig mal fünfundzwanzig Meter großes Rechteck im Meer handelt, das mitsamt Stufen und Startblöcken zwischen die Säulen der Pfahlbauten eingepasst wurde. Ein großes quadratisches Loch, mit dunklem Untergrund, ausgekleidet mit denselben braunen Algen wie der gesamte hiesige Abschnitt des Golfes. Bis vor wenigen Jahren hatte das Becken noch ein Drei-Meter-Brett und zwei Sprungtürme – der eine fünf, der andere zehn Meter hoch – alles gemäß den Regeln der olympischen Wettkämpfe im Turmspringen. Womit sich mir, zum zweiten Mal nach den Topolini, eine weitere thematische Ausschweifung aufdrängt.

Es war im Sommer 1981, ein leicht windiger Nachmittag, der Himmel klar und das Meer pflaumenfarben, ich war vor kurzem sechzehn geworden und im Begriff, mein Leben aufs Spiel zu setzen. Ein paar Monate später sollte ich mich mit der Vespa hinlegen, mir drei Rippen brechen und die linke Schulter mit wilden Schürfarabesken verzieren, dabei aber objektiv gesehen weniger riskieren als an jenem Nachmittag im Ausonia. Wir waren zu dritt, nicht einmal die dicksten Freunde. Von den Stufen aus beobachtete uns demonstrativ gelangweilt eine Mädchenclique. Ganz egal, wie viele es waren und ob sie hübsch waren, ganz egal, ob sie für uns in Reichweite waren: Es waren fesche Feger, eine nebulös-proustische *junge Mädchenblüte*, und das allein genügte, um unser gesamtes Verhalten zu verändern. Nach den ersten Kopfsprüngen vom Fünf-Meter-Brett schlug der Fittere meiner Kumpel vor, auf den Zehn-Meter-Turm zu steigen, und ich und der andere mussten mitziehen. Drei junge Pfaue, die zehn Meter über dem Meeresspiegel ihr Rad schlagen. Die Mädchen schirmten mit den Händen ihre Augen ab und betrachteten uns nun ernster. Der dumpfe Ton, den ein Körper beim Sprung aus dieser Höhe macht, verdient volle Aufmerksamkeit, ganz egal, wie elegant oder plump er ins Wasser eintaucht. Im Vorjahr war ich schon ein paarmal von da oben gesprungen, aber nie mit dem Kopf voran. Bei der Vorstellung, mit den Füßen nach oben in diese dunkle und ferne Fläche zu stürzen, drehte sich mir der Magen um. Der Fittere hatte bereits einen ganz passablen Hechtsprung hingelegt und schüttelte gerade seine Haare vor den Mädchen aus, die gewohnt hysterisch kreischten. Ich und der andere am Rand des Abgrunds schwiegen und schluckten schwer und versuchten, nicht auf die mikroskopisch kleinen Pünktchen zu schauen, die dort unten sicher auf ihren Liegestühlen und Treppen lagerten. Da kam mir eine verzweifelte Idee.

»Warum springen wir nicht von der Sonnenterrasse?«, fragte ich. Inzwischen war der Fittere wieder heraufgekommen. »Los, worauf wartet ihr?«, fragte er strahlend. »Er will, dass wir von der Sonnenterrasse springen«, erwiderte der andere, dem die Situation von Minute zu Minute komplizierter wurde. »Ach komm, dazu braucht es doch nichts«, meinte der Fittere. »Aber das ist verboten!«, sagte der andere, der unten, auf Höhe des Meeresspiegels, seine Vespa immer zwischen den parkenden Autos hochzog und auch sonst viel Verbotenes tat. »Das haben doch schon viele getan. Man muss nur schnell genug sein, dann sagt niemand was«, sagte der Fittere und sah mich an.

Die Sonnenterrasse ging auf das offene Meer hinaus und war von einem grünen Geländer umgeben, das wir übersteigen mussten, um uns dann aus einer Höhe von mindestens zwölf Metern ins Leere zu stürzen. Ich hatte gehofft, mit meinem Bluff den Wettkampf auszuhebeln, ohne dass jemand das Gesicht verlöre, doch nun erklommen wir schon die Stufen der höchstgelegenen Terrasse des Bades, während die Mädchen – von denen mindestens zwei wirklich hübsch waren, wie ich jetzt sah – uns auf Einladung des Fitteren folgten, kichernd in ihren geblümten Bikinis, schon so verflucht erwachsen und im vollen Bewusstsein ihrer Macht.

Über ein Geländer von einem Meter zehn zu klettern ist an sich ein Kinderspiel. Wenn du allerdings weißt, dass vor dir der Abgrund lauert und du genau in diesen Abgrund springen sollst, wird das Ganze schon beträchtlich schwieriger. Der Fittere stieg hinüber. Dann stellte er sich auf die Zehenspitzen – der Rand war weniger als zehn Zentimeter breit –, hielt sich ein paar Sekunden hinter dem Rücken mit den Händen fest, holte tief Luft und sprang in den Himmel. Ich sah, wie er die Arme gleich Engelsflügeln öffnete, sich breit machte, sich krümmte, ich hörte sein Eintauchen ins Wasser, als wäre ich es selbst, so laut, dass ich mich fast übergeben musste. Die Mädchen stießen ihre spitzen Schreie aus, als der Kopf des Fitteren aus dem Schaum auftauchte. Der andere blickte mich an, er war größer als ich und sah vor allem besser aus. Ohne darüber nachzudenken, nutzte er mein Zaudern, kletterte hinüber und sprang in einer einzigen Bewegung. Eben hatte er noch mit mir und den Mädchen ungläubig auf den Schaum des Fitteren gestarrt, schon schwamm er selbst in dem Schaum, nicht minder ungläubig, doch aus einem anderen Grund, während die Proust-Mädchen ihn mit diesem unwiderstehlichen Getue begrüßten, das die

Männer seit Urzeiten in den Gesten der Frauen reproduziert sehen.

An diesem Punkt hätte ich umkehren können, ich kannte die Mädchen ja nicht einmal, die Jungs waren nur Übergangskumpel, Saisonfreunde. Ich hätte das Gesicht verloren, jedoch vor Menschen, die innerhalb weniger Nachmittage verschwunden gewesen wären. Ich hätte das Gesicht verloren mit dem Eingeständnis, zu viel Angst zu haben – und es somit gar nicht verloren, denn die Grenzen des eigenen Muts zu erkennen, kann deiner Würde nichts anhaben, im Gegenteil –, doch das ist die Einsicht des Erwachsenen, und ich war damals noch Lichtjahre vom Erwachsensein entfernt.

Unter größter Anstrengung hob ich ein Bein über das Hindernis. Während ich rittlings auf dem Geländer saß, dachte ich daran, wie ich zufällig das Gleichgewicht verliere und selbstmörderartig hinuntersegele, und natürlich verlor ich einen Moment lang das Gleichgewicht. »Vorsicht!«, sagte das Mädchen, das mir am nächsten war. Sie hatte übergroße Schneidezähne, im Gesicht zwei, drei frisch ausgedrückte Pickel, und sie lächelte mich sanft an. Ich fand die Kraft, vom Pferd abzusteigen, mich um hundertachtzig Grad zu drehen und mich frontal der pflaumenfarben glänzenden Fläche unter mir zu stellen, in der ich die rosa Visagen meiner Herausforderer erkennen konnte. Von hier gab es kein Zurück. Das Geländer ist eine psychologische Barriere, es ist wie eine Tür, die sich hinter dir schließt, du kommst nicht mehr raus. Wenn du den Fehler machst, hinüberzuklettern, wird dir nur noch ein weiterer Fehler zugestanden, nämlich der zu springen. Damit wir uns richtig verstehen, es würde durchaus genügen zu sagen: »Nein, ich schaffe es nicht«, theoretisch gibt es diesen Fluchtweg, doch in Wahrheit sind nur wenige klug genug, ihn zu nutzen. Daher bleibt nur der zweite und letzte Fehler.

Ich klammerte mich eine Ewigkeit an die Eisenstange hinter mir, ohne dass die Jungs dort unten oder die Mädchen neben mir ein Wort zu sagen wagten. Dann war auch diese Zeit verstrichen und meine armen Hände ließen gegen ihren Willen los. Ich stürzte im kleinstmöglichen Bogen ins Wasser. Ich sprang nicht zum ersten Mal, ich wusste, dass man für einen Sprung aus dieser Höhe einen weiten Bogen beschreiben musste und dass ein solcher Sturzflug das Falscheste war, das ich tun konnte, doch wissen hilft wenig, sehr wenig, wenn du Angst hast, und ich wollte, dass die Angst so schnell wie möglich vorbei war. Ich brauchte eine Ewigkeit für diese zwölf Meter kopfüber. Ich erwartete den harten Aufprall auf der Wasseroberfläche wie eine Befreiung, den Schuss in die Schläfe am Ende der Folter. Inzwischen beschrieb mein Körper eine Inertialdrehung, die sich bei jedem schlechten Sprung einstellt, und meine Beine bogen sich immer mehr nach hinten, und meine Fußspitzen berührten quasi meinen Hinterkopf, und meine Wirbel zeichneten eine extreme, finale Krümmung, und ich spürte, dass das alles zu mir gehörte, was da mit mir in die Tiefe stürzte, ohne dass ich es beschützen konnte, ohne dass ich verhindern konnte, mir schmerzhaft und in vielleicht irreparabler Weise wehzutun.

Ich schlug mit dem Gesicht voran auf, den Kopf ungeschützt, Beine und Rücken platt auf dem Wasser aufkommend mit dem trockenen Knall eines Schusses, ein lautes Platschen auch unter der Wasseroberfläche. Ich war nicht tot. Die Kinder dachten es, doch ich lebte. Ich schwamm auf das Licht zu mit einem schrecklichen Schmerz in der Wirbelsäule, viel schlimmer als die Ohrfeige auf den Oberschenkeln, doch meine Beine waren es, die mich hochbrachten, und ich war bei ihnen. »Scheiße«, sagte der Fittere, als er mich die Treppe hinaufsteigen sah. »Verdammt nochmal«, sagte der andere. Sie waren so erschrocken, dass sie sich nicht einmal lustig machten. Das Mädchen mit den Pickeln stieg hinunter, um zu sehen, ob sie irgendwie helfen konnte, die anderen lösten sich still von dem Geländer und kehrten zu ihren Handtüchern zurück. Es ist stets lehrreich zu beobachten, wie ein gigantisches, für dein eigenes Lebens so einschneidendes Ereignis für andere völlig bedeutungslos ist. Von außen betrachtet hatten sie wohl einen Jungen mit Locken gesehen, der auf lächerliche Art von der Sonnenterrasse sprang. Ein kleines Amüsement, für ein paar Lacher gut, mehr nicht. Auch meine Eltern sahen von außen nur, dass ich herumlief, als hätte ich einen Besen verschluckt, und ein paar Tage ausgestreckt auf dem Bett verbrachte. Von außen betrachtet hätte ein Orthopäde von einem Schleudertrauma gesprochen. So funktioniert das Leben, von außen betrachtet. Ich jedoch hatte mich an jenem Tag im Ausonia von innen gesehen.

Villa Revoltella

Und dann gibt es noch Menschen, die nicht ans Meer fahren können oder es einfach nicht leiden mögen. Ich zum Beispiel, der ich gerade ausführlich über Sprungtechniken und Schwimmbäder doziert habe, bin einen kompletten Sommer meines Lebens kein einziges Mal schwimmen gegangen und habe eine ganze Reihe von Menschen entdeckt, blass, in langärmeligen Hemden, die sich vor der Sonne hüten wie vor dem schlimmsten aller Übel. Dabei hat die Stadt auch für sie gesorgt. Auf der Collina del Cacciatore gibt es eine Art Bergchalet, das von einem weitläufigen Park mit Nadelbäumen umgeben ist, wo man schon nach wenigen Schritten am liebsten ein Tirolerjäckchen überwerfen und ladinisch reden möchte. Der Park heißt Villa Revoltella, nach dem Mann, der das Gebäude erbauen ließ und es später, als er ledig verstarb, mit beinah seinen gesamten Besitztümern der Stadt als Schenkung vermachte.

Pasquale Revoltella war der erste Großunternehmer im Triest des neunzehnten Jahrhunderts. Er machte sein Geld im Holzhandel. Er gehörte zu den ersten Aktionären der Versicherungsgesellschaft Generali, war Mitglied des ersten Verwaltungsrats der Schifffahrtsgesellschaft Österreichischer Lloyd und vor allem Vizepräsident der Universalen Baugesellschaft des Suez-Kanals (eingeweiht im November 1869, zwei Monate nach Revoltellas Tod).

Zum Baron ernannt, widmete Revoltella dem Erzherzog und Kaiserbruder ein monumentales Gebäude (das Ferdinandeum) und ließ sich genau gegenüber eine Sommerresidenz erbauen, bizarrerweise im alpinen Stil. Ich meine, Revoltellas anderer Palast im Zentrum – jetzt das Museum für moderne Kunst, meisterhaft saniert von Carlo Scarpa – ist ganz im Stil der Nachbarhäuser der Mitte des neunzehnten Jahrhunderts gehalten. Doch dieses Haus hier könnte auch in einem Dörfchen in Südtirol stehen oder vielleicht noch eher im Engadin (bei genauerer Betrachtung erweist sich das Chalet als typisch schweizerisch), was neben einer gewissen Erheiterung auch zur Erfrischung an heißen Tagen beiträgt. Es gibt eine Privatkapelle, die Wohnung des Kaplans, das Oratorium, die Pförtnerwohnung, alles Orte, die dem Hirn eines Edgar Allan Poe in seinen düstersten Zeiten entsprungen sein könnten. Vor der Kapelle gibt es einen Springbrunnen mit kleinen Schildkröten und zentnerschweren Karpfen, was bei Kindern regelmäßig großes Staunen auslöst. Doch je weiter man in den Park vordringt, desto weniger mysteriös wird die Atmosphäre. Auf südöstlicher Seite wurde auf einer natürlichen Terrassierung ein Kinderspielplatz angelegt, der einen wundervollen Blick auf das Meer bei Muggia gewährt. Von dort aus steigt man weiter hinauf in das kühle Herz des Parks, inmitten von Bäumen mit hohen Stämmen, kleinen Brunnen, Spazierwegen auf roter Erde.

Der Park wird fast manisch gepflegt. Jeden Morgen schreiben Gärtner mit Blütenblättern das Datum in ein von niedrigen Buchsbaumhecken gerahmtes Beet, die mit dem Winkelmesser geschnitten zu sein scheinen. Auf dem Hauptplatz gibt es eine künstliche Grotte, wo der Mär nach ein Braunbär eingesperrt ist, die aber schon in meiner Kindheit genauso unbewohnt war wie heute und in der sich nicht einmal das kleinste Krümelchen Staub findet. Neben den alten, restaurierten Bänken wurden großzügig neue aufgestellt. Auf einer der älteren, die exakt an der hellsten, aber noch schattigen Stelle steht und auf der jetzt ein kalkweißer Herr sein Kreuzworträtsel löst, haben ich und meine Mutter sämtliche Sommernachmittage des Jahres 1987 verbracht. Sie strickte einen Pulli in der Farbe der Pinien – ein Kleidungsstück, das ich letzten Winter noch getragen habe –, ich las Prousts *Suche nach der verlorenen Zeit.*

Im Februar war mein Vater gestorben, im Mai hatte meine Mutter sich einer schweren Operation unterziehen müssen. Ich sagte in dem Jahr den Job als Bademeister ab. Meine Schwester arbeitete, um einen Teil meiner Studiengebühren beizusteuern. Und trotzdem. Trotzdem haben diese Monate uns gestärkt – »Schmerz versteinert die Schwelle«, schreibt Georg Trakl –, und ich glaube, dass ich mit dem Austritt aus dieser Verpuppung erwachsen geworden war.

Jeden Morgen stand ich um acht Uhr auf, frühstückte und begann zu lesen. Um eins machte ich für mich und meine Mutter ein Mittagessen, wir aßen gemeinsam und dann las ich weiter. Gegen vier stiegen wir auf die Collina del Cacciatore. Meine Mutter hakte sich bis zur Bank bei mir unter, dann zog sie ihr Strickzeug hervor und den jeweiligen Band (das Werk hat sieben). Sie begann sofort zu stricken, ich ließ mich auf ihrem leisen Geklapper nieder wie auf einem Teppich und las weiter. So ging es von Juni bis September, dreitausendfünfhundert Seiten Geistesmassage, eine Art opiatische Parenthese, eine Zeit des Zen-Wartens, die das Leben verlangte.

Es gibt gewisse Angelpunkte in Marcels Geschichte, an die sich meine Mutter besser erinnert als ich. Ich ging jeden Abend meine Notizen durch und erzählte ihr ein weiteres Stück des Romans. Beim Lesen konzentrierte ich mich auf die Wiederbelebung der puren Vergangenheit, auf die unfreiwillige Erinnerung und Prousts andere Bergsonismen – im Oktober stand mir die Prüfung in Ästhetik bevor –, meiner Mutter hingegen gab ich das Fleisch, die nackten und rohen Wahrheiten, wechselseitige Intrigen, Liebe und Verrat. Vielleicht erinnert sie sich deshalb an jeden einzelnen Namen des gesamten »kleinen Clans« der Verdurins und ich nicht, das muss auch der Grund sein, warum sie den gesamten Stammbaum der Guermantes herunterrattern kann und ich nicht, und das ist der Grund, warum ich nur schwer die blumigen Metaphern für Charlus' homosexuelle Liebschaften in »Sodom« wiedergeben kann, während sie sich selbst an die kleinste Laune des Barons erinnert. Ihr zufolge habe ich damals mit dem Schreiben angefangen – während ich für die Prüfung lernte, den Tod meines Vaters verarbeitete und jemand anderem den Roman erzählte. Ich weiß es nicht. Ganz sicher sind diese Nachmittage in der Villa Revoltella der einzige Proust-Einfluss, den ich in meinem Schreiben entdecken kann. Ein empirischer, nicht formaler Einfluss, seitens eines Sohnes, »der abends früh schlafen ging« und in seine eigene Mutter verliebt war.

Der Mann mit dem Kreuzworträtsel hat sich von der Bank erhoben und geht nun die Treppe hinauf, die in den japanisch anmutenden Garten *Vier Jahreszeiten* führt. Instinktiv möchte ich mich auf seinen Platz setzen, noch einmal die Bretter spüren, die verrosteten Nieten. Madeleine, denke ich. Die ungleichen Pflastersteine, die Matinée der

Guermantes, denke ich. Wiederauflebende Erinnerung … Doch zum Glück kommt mir ein älteres Ehepaar unvorhergesehen flink zuvor. Schnell klappen sie ihre Stadionkissen auf, und sofort blättert jeder von ihnen in einem Discounter-Blättchen. Ich bin ihnen für diese kleine Frechheit dankbar. Die Erinnerung ist eine gierige Bestie, für den Moment zumindest glaube ich, ihr genug gegeben zu haben.

Little Istrien

Nonna Giovanna wohnt seit bald sechzig Jahren in ihrer kleinen Wohnung in der Via Umago. Sie ist etwas ermattet von den gestrigen Feierlichkeiten – neunundneunzigster Geburtstag, »neunundneunzig!«, betont sie –, lässt es sich aber nicht nehmen, mir einen Kaffee zu kochen. Umago ist ein Dorf an der istrischen Küste: Sämtliche Straßen im Stadtteil Chiarbola sind nach Orten in Istrien oder Dalmatien benannt. Via Pola, Via Pirano, Via Rovigno, Via Antonio Baiamonti, Bürgermeister von Spalato. Meine Oma ist aus Orsera – die wunderschöne Via Orsera führt von der Via dell' Istria abzweigend in Richtung Meer und zu den Feuern der Stahlwerke von Valmaura –, und sie kam 1949 nach Triest auf einem Schiff, das sich kaum von denen der kubanischen Boat People unterschied, gemeinsam mit meiner Mutter, meinen zwei Tanten, einer Katze und meinem Großvater, Angelo Stefanutti. Wie fast alle Italiener in Istrien, ließen die Stefanuttis ihr Hab und Gut in der neuen Bundesrepublik Jugoslawien zurück und wählten den Weg in die Emigration. Der italienische Staat steckte sie übergangsweise in ein Flüchtlingslager in Brescia und siedelte sie dann in dem istrischen Viertel von Triest an, wo in jenen Monaten tausend und abertausend Menschen wie sie ankamen. Viele wohnen noch immer hier wie meine Oma – die Istrianer sind erstaunlich langlebig –, andere haben ihre Wohnungen (die auf ihren Namen eingetragen waren) ihren Kindern vermacht, die sie bei den Kommunen ablösen konnten und deren stolze Eigentümer sie nun sind. Obwohl im Laufe der Jahre Menschen unterschiedlicher Herkunft in die Neubauten gezogen sind, blieb Chiarbola das vielleicht homogenste Viertel, was die Wurzeln seiner Bewohner anbelangt. Die Istrianer haben sich hier eingerichtet und diese Mischung aus Küsten- und ländlicher Atmosphäre mitgebracht, die für ihre Heimat typisch ist, sie bestimmen über sich wie eine Enklave Entwurzelter, die mit nostalgischem Stolz ihr italisches Primat vor sich hertragen im Vergleich zu den weitaus durchmischteren Identitäten der Triestiner: Istrien war jahrhundertelang venezianisch, und venezianisch ist auch der Dialekt, den die Istrianer sprechen.

Während sie den Kaffee ausschenkt, erinnert mich meine Nonna an damals, als wir immer zu den Hühnern gingen. Tatsächlich war sie es, die mir die ersten lebendigen Hühner zeigte. Es war in einem kleinen Hof, einer Art Treppenverschlag nicht weit von hier, wo eine Freundin von ihr aus allerlei Material einen Hühnerstall gebastelt hatte, mit ein paar Metern Drahtgeflecht von der Müllhalde, so in der Art. Ich war drei oder vier Jahre alt, und die Hühner waren die einzige echte Attraktion auf den Spaziergängen mit Nonna Giovanna. Ich würde ihr gerne sagen, dass ich erst neulich nachgeschaut habe, ob es sie noch gibt – weißt du, Nonna, ich schreibe da etwas über Triest –, doch meine Oma ist mittlerweile fast vollkommen taub, was ein Gespräch mit ihr ziemlich kompliziert macht, so dass es viel leichter ist, einfach nur zuzuhören. Die Hühner aus dem Treppenverschlag in der Via Capodistria sind übrigens nicht mehr da, doch ich würde nicht ausschließen, dass irgendwo in den Gassen der ehemaligen Seilerei oder entlang der baumgesäumten Straßen, die das Viertel Richtung Servola hin begrenzen, andere Hühner zu finden sind, die auf den Hinterhöfen anderer Häuser scharren, wo andere Bäuerinnen wohnen, die sich niemals der bürgerlichen Frigidität der Stadt ergeben haben. Im Übrigen gibt es nirgendwo sonst heimische Kräutergärtchen in den Rabatten der Toreinfahrten zu entdecken und Leute, die sich Mini-Treibhäuser auf die Balkone stellen.

Die Istrianer spüren trotz ihrer vollkommenen Integration in das soziale Gefüge Triests immer noch stark den Ruf ihrer alten Heimat. Auf der Treppe, die Via Baiamonti und Via Umago miteinander verbindet, gibt es einen alten Weinhändler mit Holzfässern hinter der Theke, wo meine Großmutter sich immer ihren *vin de casa* holte. Es war ein saurer Roter, nur marginal besser als der *trapa de casa*, ein Grappa, mit dem sie mich immer beehrte, wenn ich sie besuchte, jeder Besuch ein Liter, solange sie noch alleine einkaufen gehen konnte. Produkte *de casa*, aus eigener Herstellung, sind häufig eilig zusammengepanschte Pfennigfuchsereien, deren Qualität nicht an das neueste Industrieprodukt heranreicht, doch meine Oma packte einen ganzen Familienmythos hinein, Heimat und Vaterlandsliebe und sämtliche melancholischen Trugbilder des verlorenen Paradieses.

Zu diesem Weinhändler ging beispielsweise auch Nonno Angelo abends auf ein Gläschen. Kanonier bei der italienischen Marine, während des Krieges in Pola stationiert, war mein Opa von meiner Mutter immer als einfacher Mann beschrieben worden, ein leicht zu instrumentalisierendes Opfer, vor allem seitens des anderen Großvaters, Nonno Marcello, der nur von ihm sprach, wenn es darum ging, die verschwägerten Großeltern mitsamt der ganzen

Stefanutti-Sippe als Faschisten zu verunglimpfen. Ich war zwei Jahre alt, als Nonno Angelo starb, und habe ihn nicht wirklich kennengelernt, aber ich glaube der Aussage meiner Mutter, die sich unter anderem an das erste Mittagessen im Hause der Schwiegereltern als einen der traumatischsten Augenblicke ihres Lebens erinnert. Nonno Marcello, militanter Kommunist, wollte einfach nicht begreifen, wie man vor dem Tito-Regime fliehen konnte, und hielt alle istrianischen Exilierten für feige Verräter an der Sache, und so unterzog er die zukünftige Schwiegertochter an diesem Tag einem besonders strengen Kreuzverhör. Wo stehen Sie politisch, Signorina Edda? Halten Sie es für einen Zufall, dass Sie denselben Vornamen tragen wie die älteste Mussolini-Tochter? Warum seid ihr geflohen, wenn ihr nichts zu verbergen hattet? Das Mittagessen endete vorzeitig in einem furiosen Streit zwischen meinem Vater und meinem Opa, der auch später, als er längst einer der eifrigsten Fürsprecher seiner Schwiegertochter war, niemals sein Urteil über die Istrianer revidierte.

In dem kühlen Hof, unter dem schattigen Kirschbaum im Zentrum, um den herum diese zwei Wohnhäuser anscheinend angelegt wurden, lässt ein Damenklub von über Achtzigjährigen den Nachmittag unter Tratschen an sich vorüberziehen. Bis zum vergangenen Sommer war auch meine Großmutter mit von der Partie, jetzt aber hat sie keine Lust mehr hinunterzugehen. Manchmal hängt sie sich ans Fenster, sagt etwas zu ihren Landsmänninnen, tut so, als verstehe sie die Antwort und kehrt dann vor den Fernseher zurück. Ohne Fernseher wüsste Nonna Giovanna nicht, wie sie überleben soll, das Fernsehen ist ihr Lebensantrieb, ihre Eiserne Lunge. Auch wenn sie Besuch hat oder wenn meine Tante Lina da ist, die bei ihr wohnt, feuert der Fernseher mit voller Lautstärke seine Nachmittagssendungen aus der Küchenecke. Sie hört kein bisschen von dem, was die Gäste der verschiedenen Talkshows einander an den Kopf werfen, und selbst wenn sie es verstünde, könnte sie den Diskussionen nicht mehr folgen, und doch ist die Welt in der Flimmerkiste ihre eigene geworden. Die alten Frauen von unten, die sie besuchen kommen, sind voller Respekt für *Siora Giovana,* doch sie zieht ihnen die Tantramassage des Fernsehstrudels vor, den ewigen Fluss fremder Bilder, auf denen sie seelenruhig die unaufhörliche Fracht der eigenen Erinnerungen abladen kann.

Nun haben wir Kaffee getrunken, und meine Nonna ist wieder auf ihren Bischofsthron zurückgekehrt, in bester Gesellschaft mit dem Sommerprogramm. Sie schaut *Miss Match,* so wie Katzen die Wand anstarren – ich habe mich immer gefragt, was eine Katze wohl denken mag, wenn sie stundenlang diese Wand vor Augen sieht. Und meine Großmutter? Was denkt meine Großmutter? Als sie sieht, dass ich mich verabschieden will, sagt sie: »*Speta un atimo,* warte kurz«, erhebt sich mühsam aus ihrem Stuhl und schlurft ins Schlafzimmer. Ich höre, wie sie Schranktüren öffnet, zwischen Plastiktüten kramt, mit Glas scheppert. Nach einer Weile kommt sie mit einer Flasche *trapa de casa* zurück. Totale Überraschung, nach so vielen Jahren, der Albtraum *trapa de casa* ist wieder da. »*Xe quela bona, go mandà tu' zia a ciorla*«, sagt sie ganz stolz, »das ist der Gute, ich habe deine Tante losgeschickt.« Meine Tante weiß, wie ich über den Grappa des Weinhändlers denke – sie nennt ihn *fogo de Russia,* russisches Feuer –; ich halte das für einen schlechten Scherz ihrerseits. Meiner Oma gegenüber heuchele ich eine fast übertriebene

Begeisterung, so wie ich das Gesicht verziehe und sie umarme, könnte man meinen, ich hätte gerade eine Magnum Moët & Chandon bekommen. Sie lächelt mir stolz von der Wohnungstür aus zu, während das Hündchen, das durch die aufgehende Tür jäh geweckt wurde, ihr in die Wade zu beißen versucht. Ciao, Nonna.

Im Hof schauen die Alten misstrauisch dem Fremden hinterher, der zu seinem Auto geht. Die eine oder andere, die ihn erkennt, erwidert seinen Gruß. Es sind sieben Matronen mit Gesichtern wie aus Pappmaché. Sie sitzen in ihren Klappstühlen, furchterregend runzelig, genauso gekleidet wie vor fünfzig Jahren zu Hause, wadenlange Kittelkleider, Haarnetze auf dem Kopf, um sie herumspringend die unverwüstlichen kleinen Mischlingshunde, die sie in ihrer Heimat hatten. Sie sehen aus wie einer völlig unglaubwürdigen Folklore-Kampagne der lokalen Tourismusbranche entsprungen, dabei sind sie echt. Ihre Enkel haben Satellitenfernsehen, zwei Handys Minimum, ADSL-Anschluss zu Hause und im Büro, doch sie wirken, als hielten sie sich immer noch Hühner unter der Treppe.

Unterwegs in den »Osmizze«

Es gibt in Triest noch einen anderen *vin de casa*. Seine Qualität muss nicht unbedingt besser sein als die vom Weinhändler auf der Via Umago, doch das Ambiente und die Tradition, in denen er steht, sind gänzlich andere. Es geht um den Wein der *osmizze*.

Im gesamten Bogen des Karstgebirges erkennt man von der Küste oder sogar vom Meer aus die vielen kleinen Weinberge, die sich an die Hänge schmiegen, kaum dass die Berge etwas weniger steil sind. Sie werden noch offensichtlicher, wenn man mit dem Auto über die schmalen, zwischen den Reben verborgenen Sträßchen fährt, und plötzlich auf eine *frasca* stößt, die gut sichtbar in nächster Nähe eines Bauernhauses aufgehängt ist. Diese *frasca*, eigentlich ein Zweig oder Zweigbüschel, weist auf eine *osmizza* hin – nicht von ungefähr werden im Veneto und im Friaul solche vom Typ her ähnlichen Lokale *Frasche* genannt, die, manchmal zu banalen Agriturismo-Pensionen verfremdet, oft aber in ihrem ursprünglichen Gewand, für eine bestimmte Zeit im Jahr Wein ausschenken. In den Osmizze wie in den Frasche wird der Wein nur für ein paar Monate direkt aus dem Keller des Herstellers verkauft und getrunken. Osmizza ist die italienische Umschreibung des slowenischen Wortes *osmica*, in dem die Zahl Acht steckt, was eben auf die acht Öffnungstage verweist, die der Stadtrat den Weinbauern einstmals zugestand. Im

Jahr 1784 erlaubte ein kaiserliches Dekret den Herstellern dann den ganzjährigen Verkauf von Lebensmitteln, Wein und Obstmost, totale Freiheit auch bei Preisen und Jahreszeiten, unter der einzigen Bedingung – möglicherweise schon damals als Maßnahme gegen »schwarze« Einkünfte –, vor dem Weinkeller einen Zweig aufzuhängen, der darauf hinwies, die erwähnte *frasca*.

Es gibt zahlreiche Osmizze sowohl auf der Hochebene als auch an den Landstraßen, die vom Zentrum Richtung Opicina führen, wie die Via Commerciale oder die Strada del Friuli. Sie öffnen zu verschiedenen Jahreszeiten; die Öffnungszeiten kann man dem Internet oder den Gastroführern entnehmen, aber lustiger ist es, sich auf gut Glück fortzubewegen und so die Suche mit einer Rundfahrt durch die Dörfer des Karsts zu verbinden. Ich habe natürlich meine Lieblingslokale, die ich euch aber gar nicht anzupreisen brauche, da selbst die unscheinbarste Osmizza sich in ganz fantastischer Lage befindet: entweder hoch über dem Meer oder im tiefsten Inland, dafür aber so malerisch gelegen, dass dies die fehlenden Wogen völlig vergessen macht. Die Einrichtung ist in der Regel eher spartanisch: zwei, drei Tische mit Bänken, Zahnstocher wie mit dem Beil gehauen, keine Tischdecken. Zum Wein werden hauptsächlich reifer Käse, roher Schinken, hartgekochte Eier und sauer eingelegtes Gemüse serviert, fast immer hausgemacht und ganz frisch. Was den Wein betrifft, könnt ihr Glück haben und eines der beiden lokalen Highlights kosten: den Terrano, einen sauren Roten, der die Zunge auf Tage rot färbt, oder den Vitosca, einen leichten, duftigen Weißwein. Aber auch wenn ihr kein Glück habt, werdet ihr es trotzdem genießen, denn die Osmizze stehen noch nicht auf den In-Listen des Gastrotourismus und ihr trefft immer die richtigen Leute: Studenten, Freunde von Freunden, Pärchen, Senioren, die ein Stündchen an einem schönen einfachen Ort verbringen wollen. Was mich direkt zu einer *Excusatio non petita* führt.

In Triest gibt es viele Lokale, in denen man sehr gut essen kann, vor allem mittel- bis hochpreisige Restaurants, die auf Fisch oder julische Gastronomie spezialisiert sind. Ich werde aus zwei Gründen hier nicht darüber sprechen: erstens, weil jeder im Handel erhältliche Reiseführer euch alles Wissenswerte dazu liefern kann und dies mit den jeweils angesagten Koryphäen; zweitens, weil ich diesen ganzen Essensirrsinn allmählich über habe. Diese Flut von Gastrorubriken, überall Feinschmecker, überall Weinkenner. Mich macht diese neurotische Emphase auf gute Küche leicht nervös, die man uns in immer neuen Medien-Formaten diktiert und die unser Bewusstsein für die wirklich wichtigen Dinge im Leben abstumpft. Ich finde es heillos übertrieben, wie wichtig die immer bizarrer und konfuser werdende Kreativität der Haute-Cuisine genommen wird. Ich störe mich an dieser Gier nach Trend-Rezepten, dem Wettlauf um Michelin-Sterne, der viel mehr dazu dient, das Selbstwertgefühl und die eigene soziale Stellung zu befriedigen als den Gaumen. Was, damit wir uns recht verstehen, nicht heißt, dass ich gerne schlecht esse. Es bedeutet, dass für mich der Ort, wo ich esse – und die Leute, mit denen ich esse –, immer wichtiger sind als das, was ich auf meinem Teller vorfinde. Wie einmal, als ich mit Flavio und anderen freiberuflich arbeitenden Freunden hinauf nach Contovello fuhr – es war ein fast sommerlicher Maivormittag – und wir uns an den letzten Tisch unter der Pergola setzten, gegen die frische Brise unsere Pullover überzogen und das Preußisch-Blau des Meeres unter uns bewunderten, dazu die Stadt, die sich kompakt unseren Blicken darbot, damals, als wir bis zur Dämmerung dort draußen sitzen blieben, die Reißverschlüsse bis zum Kinn hochgezogen, und über eine Japanreise sprachen, die wir niemals machen sollten, damals nämlich befand sich in dem Krug, besser gesagt in den Krügen, auch nicht mehr als ganz normaler Merlot und auf dem Teller ganz gewöhnliche Mortadella mit Pistazien.

Die Osmizza ist aber zugleich auch eine exotische Erfahrung direkt vor der Haustür. Das liegt an der extremen Ausdehnung der bäuerlichen Gesellschaft bis an die Grenzen einer Stadt, die genau wie Venedig »ohne Pflug und Weinlese« gewachsen ist. Zu den Weinhängen der Hochebene hinaufzusteigen, den Keller eines Weinbauern in San Dorligo oder Santa Croce zu betreten ist eben auch eine Art, Triest zu verstehen, die Stadt durch ihre Gegensätze klarer zu erkennen. Ein paar Kilometer die Haarnadelkurven den Karst hinauf, das genügt schon, um wie durch ein virtuelles Teleskop einen Ausschnitt alter Wohnhäuser und staugemarterter Straßen zu sehen, eingeklemmt zwischen dem istrischen *vin de casa* und dem slowenischen *vin de casa*. Wenn ihr also beschließt, in die Osmizze zu fahren, seid euch darüber im Klaren, dass es sich nicht um Speiselokale im engeren Sinn handelt. Fahrt los mit der Vorstellung, einen Ausflug mit kleinem Imbiss zu machen (auch wenn es dann fast immer auf einen Imbiss mit kleinem Ausflug hinausläuft).

Der Friedhof von Sant' Anna. Die Wahrheit der Namen

Dies wird ein Kapitel über Namen. Namen von Toten, nicht von berühmten Persönlichkeiten. Namen, die ich notiert habe, als ich letztes Mal auf dem Triestiner Hauptfriedhof war, dem Cimitero Monumentale di Sant' Anna, ohne zu wissen, was ich mit ihnen anfangen würde. Ich wollte einfach eine vage Idee festhalten, die ich schon lange mit mir herumtrug und auf die mich einer meiner Lieblingsautoren gebracht hatte. In seiner »Enzyklopädie der Toten« träumt Danilo Kiš von einem universellen Archiv aller Menschen, die auf diesem Planeten gelebt haben, so als ließe sich letztlich die Wahrheit des Menschen nur erfassen, indem man jeden Einzelnen aufzählt, sie alle nennt, und den Namen selbst die Verantwortung überlässt, ein in seiner Ganzheit komplexes und vollkommenes Bild zu zeichnen. Und um die Wahrheit von Triest zu erfassen, könnte man versuchen, nur die Namen auszusprechen, die Namen aller Leute, die hier auf Sant' Anna begraben liegen.* Ich werde das nicht tun, weil mir dafür der Mut fehlt, ich beschränke mich darauf, den Weg zwischen den Grabsteinen derjenigen abzulaufen, die in meinem Notizbuch stehen.

* Im Übrigen glaube ich, dass es kein Zufall ist, dass diese Idee von Kiš stammt, einem »Mischlings«-Autor, Serbe der ungarischen Minderheit, geboren in Subotica in der Vojvodina, gereift in Paris.

Auf dem schwarzen Grabstein der Familie Calandruccio finden sich Bianca VIDAL KOUSHZA und Antonia ZANON KOUSHZA, mit ihren Ehemännern Santo und Pasquale CALANDRUCCIO. Darunter weitere süditalienische Namen wie Carmelo VALENTE und Concetta LEONARDI verwitwete VALENTE. Dann, noch darunter, ein weiteres Aufzucken der Familie: Micaela KOCMAN.

Ich gehe sehr gerne auf Friedhöfe. Ich bin in einer Zeit aufgewachsen, als die Toten noch ein wertvolles Gut waren, eine Herzensangelegenheit, Familienmitglieder, die dort in ihren Grabnischen lagen und sich langsam auflösten. Der Friedhof ist kein Leichenschauhaus. Die Körper in den Gräbern sind keine Leichen. Sind keine Leichen *mehr*. Es fällt mir schwer, mich vor ihnen zu ängstigen. Ich sage das, weil die Angst vor den Toten – und vor dem Tod – auch hier in Italien ein Erfolgsgarant für den Importschlager Halloween ist, dieser klassischen Erfindung von Amerikanern für Amerikaner, die, wie Evelyn Waugh in seinem Buch »The Loved One« demonstriert hat, alles Mögliche erfinden würden, nur um nicht zu sterben. Aber die Menschen sterben trotzdem, die Menschen sind zum Glück sterblich. Und ich mag die Vorstellung, dass sie gerade als Tote präsent und lebendig bleiben, ich gehe sie gerne besuchen, und es käme mir niemals in den Sinn, ihre Geister mit ausgehöhlten Kürbissen verjagen zu wollen.

Zwischen den Grabstätten, die sich an die Außenmauer schmiegen, findet sich ein kleines Grab ohne Kreuz: eine Grabplatte mit einem Säulenstumpf, darauf das Foto eines jungen Mannes, stolz, mit Stalinschnurrbart. Kein Datum, nur eine Widmung auf dem Grabstein: »Für Carlo UCEKAR, Proletarier Triests«. Auf der anderen Seite des Weges, immer noch in Feld I, Antonio SIROVICH.

Die Inschrift deklamiert: »Kapitän des Lloyd, am 11. Juli 1891 seiner untröstlichen Witwe samt Kindern entrissen«, und dann: »All meine Freud ruht hier, erloschen bei dir / doch Schmerz ist, was die Seele stählt / ein glitzernder Strahl des Glaubens sie stärkt / auf dass eines Tages ich immer bei dir.« Etwas weiter drüben, das Grab der Familie ARNERRYTSCH. Es sind viele, in zwei Kolonnen untereinander. Ungefähr in der Mitte taucht ein Ingenieur auf, Federico ARNERI, der den neuen Familiennamen vorgibt.

Auf dem Friedhof von Sant' Anna gruppieren sich um die sechsunddreißig Felder des katholischen Teils: ein muslimischer Teil, ein griechisch-orthodoxer, ein israelitischer, ein protestantischer, ein anglikanischer Teil – dazu ein ehemaliger Soldatenfriedhof jenseits der Via della Pace, der mittlerweile mit neuen Toten vor allem ziviler Art wie meinem Vater bestückt wird.

Mein Vater und seine Mutter, die einzigen Verwandten, die ich hier besuchen kann, liegen an entgegengesetzten Enden des Friedhofs jeweils am äußersten Rand auf der Grenze zwischen dem Totenreich und dem Straßenlärm der Lebenden. Das Grablicht meines Vaters kann ich sogar von außen erkennen, hoch oben in der fünften Urnenwand. Mit dem Motorroller fahre ich durch die Kurve der Via d' Istria und sehe es. Nonna Lisa hingegen liegt auf der Seite zum Fußballplatz des Sportclubs Costalunga hin. Da gehe ich gleich noch vorbei.

Meine anderen Toten liegen im allgemeinen Beinhaus. Sie haben alle Phasen der Friedhofsruhe durchlaufen. Zuerst unter der Erde im Sarg laut der jeweiligen Bestattungsnummer, dann, zehn Jahre später, zersetzt, zerkleinert und in einer Metallkiste in eine Grabnische gepackt, schließlich, nach wieder zehn Jahren, nachdem die Verwesung vollendet ist, in Bröckchen ins Ossarium geschüttet, ganz buddhistisch der post-individuellen Gesamtheit zurückgegeben, die wie ein endloser Wurzelstock unter der Erdoberfläche wuchert.

Familie KORENČAN, Familie WALDNER, Familie PISSEK, Familie RANDEGGER, Familie ROSSEGGER, Familie ZIZA, eine ganze Reihe kleiner Mausoleen. Und dann Familie BAUCER, die Männer zuerst: Vittorio, Antonio, Francesco, Angelo, danach ihre Frauen: Emilia BAUCER geborene FIDEL, Maria BAUCER geborene BOSTJANČIČ, Narcisa PIZZAMUS verwitwete BAUCER. Unter einer Zypresse, umgeben von Katzennäpfen, erhebt sich der Grabstein von Bruno FRANCESCHINEL † 10. Jan. 1939: »Fliegerfeldwebel, die jüngste Flanke Italiens, erfüllt vom heroischen Rausch des Blaus, als wahrer Ikarus beherzt am befreiten Himmel über Görz, folgte er neuen Träumen des Ruhms, als das treulos dunkle Schicksal ihn packte und als reinen Leichnam ihn der Erde zurückgab. Der unbezwungene Geist kehrte heim in den Schoß des Gottes der Tapferen. Trocknet die Tränen, die ihr ihm das Leben schenktet, das Vaterland wird es euch danken in der Zeit, und neben ihm wartet euer Sohn in der Ewigkeit.«

Auch als Kind las ich diese Grabinschriften, verstand wenig davon und wurde vielleicht deshalb wie magisch von ihnen angezogen. Diese hier hätte mir sehr gefallen. An Allerheiligen besuchten wir alle den Friedhof. Es war ein ruhiger, stiller Ausflug, wohlig warm. Ich war immer derjenige, der das Feld suchte, wo mein Großvater begraben lag. Ich lief voraus und versuchte, die römische Zahl auf dem Stein zu entziffern. Ich erinnere mich an die feuchte Erde, an die roten Grablichter, an die Näpfe der

Katzenfrauen, das Kommen und Gehen der Leute zu dem Mann, der Plastiktüten verteilte, der faulige Gestank der Blumen, der dem schlechter Zähne verblüffend ähnelte. Ich erinnere mich, dass ich meine Mutter nachahmte, mit der Rückseite der Finger das Bild berührte, dann der Kuss. Heute ist ein warmer Tag Ende September, und es sind wirklich wenige Menschen auf dem Friedhof: die Katzen so dick wie Otter, ein paar Witwen bei ihren Alltagsverrichtungen – Blumen austauschen, Vase säubern – eine im Laufe der Zeit verfeinerte Transzendenzübung des Selbst. Der Weg setzt sich in nordöstlicher Richtung fort.

Familie NAVRATIL, darin: Lauretta COCO NAVRATIL, Antonio COCO, Luigia WILHELMI, Vittoria NAVRATIL WILHELMI, Ludovico Mario GORTAN. Dann wieder ein paar Miniatur-Mausoleen: Familie ECKEL, Familie ZMAJEVICH, Familie DANNEKAR. Auf demselben Feld dann eine Grabstelle mit drei parallel angeordneten Grabsteinen und sich überkreuzenden Listen: die FABRIS, die HAUBERGER und die POLLANZ, mit Vermischungen à la Maria POLLANZ geborene URSIG, Gilda POLLANZ geborene COSSANCICH, die sich dann zu Vittoria Eugenia POLLA oder Vittorio Ettore POLLANZI entwickeln. Dann die Geschichte der RUGGIER: Simone RUGGIER, Antonia COSSOVEL verwitwete RUGGIER, Giovanni RUGGIER und Fanny SCHATOWITZ verwitwete RUGGIER. Wo hat der gute Giovanni sich wohl sein Fräulein Fanny (1856–1918) geangelt? Wer weiß, wie mühselig er sie erobert, wie opferbereit er um ihr Bleiben gekämpft hat. Emma Bovary, Anna Karenina, die Kameliendame, das Fräulein Schatowitz – in dieser spontanen Aneinanderreihung finde ich einen Platz für Fanny. Ob Fanny Schatowitz an Typhus gestorben ist? Ja, so will es meine

Phantasie, die im Müßiggang ein Familienbild des neunzehnten Jahrhunderts entwirft.

Wenig weiter stoße ich auf ein schönes Jugendstilgrab COVACICH-NEUMÜLLER. Das hatte ich beim letzten Mal übersehen. Schmiedeeiserne Palmen und eine Sanduhr. Ich presse die Nase gegen die Glasscheibe und sehe mir diese Art Schilderhäuschen genau an, als Letztes wurde die Witwe Erica ATTANASIO bestattet. Ich schlendere durch die weiße Mittagssonne und frage mich, ob auch ich gerne meine Heimstatt bei meinen Vorfahren hätte, mit Stammbaum, Foto auf Metallrund – ich als Mensch der Moderne, Possibilist –, und finde doch keine ehrliche Antwort darauf.

Am anderen Wegesrand lese ich: »Von der erschütterten Erde Podgoras verschied am 14. Juli 1915 der Leib von Emo TARABOCCHIA, Freiwilliger der II. Infanterie, der als Erster unter Ersten in den Krieg zog und kämpfte. Seine leuchtende Seele möge Schutz sein für uns, die er nach seinem Vaterland am meisten liebte.« Der arme Patriot Tarabocchia wird rechts und links belagert von den Gräbern der BUCHLER und dem der WOHLFARTH – letztere in gotischen Lettern geschrieben! Den gegenseitigen Weltkrieg-Hass konterkariert ein einfaches Grab aus grobem Stein, auf dem ein wilder Mix aus slawisch-istrianisch-venetischen Namen steht: BETTINI DE GIAXA MITROVICH CORRER.

Um von hier aus zu meiner Oma zu gelangen, muss ich den kompletten monumentalen Säulengang ablaufen. Pompöse Skulpturengruppen beherrschen von der Terrassenanlage aus dem Kalkstein Istriens herab das malerisch abfallende Friedhofsgelände. Hochreliefs mit Familien versammelt in aristokratischen Salons, Porträts im Stile der amerikanischen Verfassungsväter. Geflügelte venezianische Löwen, segnende Madonnen, klassizistisch gebrochene Christusfiguren, das Kreuz des Leidensweges umschlungen. Obelisken, Göttinnen mit Augenbinde, sich in den Schwanz beißende Schlangen in der Kreisbewegung der heidnischen Ewigkeit. Nachdenkliche Putten, traurige Schnuten, die Ellbogen auf die Urne gestützt. Es sind die Grabmale der CURRÒ PSACHAROPULO, der CAPPELLETTI-TÜRK, von Paolo PREINITSCH: »Geboren in Rosek in Kärnten, arbeitete er LX Jahre als Spediteur in Triest. Der Reichtum als Frucht seines außergewöhnlichen Fleißes änderte nichts an seinem Wesen. Fromm, rechtschaffen, wohltäterisch, entschlief er in Gott am XXVII. April MDCCCXL im Alter von LXXVIII Jahren, beweint von seiner Frau, seinem Bruder und den Neffen.« Auf der linken Seite des Grabes steht ein Stein mit Namen wie Pauli und Pavel KAVČIČ, Carlo, Cecilia, Amalia, Joseph PREINITSCH, aber auch Pauline BUFFULINI. Auf der rechten Seite ein Stein mit den PREINITSCH in Kombination mit den Adligen DE HASSEK, Pietro, Orazio, Elisa DE HASSEK. Dann, Metamorphose, Ermenegilda D'ASSE, und schon verblasst der ausländische Beigeschmack.

Ich bleibe vor einem anderen Grabmal ohne Kreuz stehen, einer Tür mit griechischen Gottheiten, vielleicht den Laren. Der Epitaph lautet: »Für Carlo D'OTTAVIO FONTANA, Numismatiker und Händler, der im Jahr XXXII des XX. Jahrhunderts fast sechzigjährig verschied. Hier bettete sein Sohn Carlo die beweinten Knochen zur Ruhe.« Natürlich gibt es auch Grabinschriften auf Deutsch, auf Serbokroatisch oder auf Slowenisch, wie diese von Družina TOMAŽIČ: »e bo vreme lepo, bom vesel in bom pozdravil še enkrat naravo in svet, saj ne bo nič hudega, vse bo minilo v hipu in zemlja, ki sem jo vedno ljubil, me bo sprejela in jaz bom njen del, klica novih presnavljanj, klica novih življenj.«*

Doch die wahre Attraktion, für mich noch besser als der wuchtige Säulengang, war immer die Galerie der Grabnischen. Ein langer Gang, ein wenig wie die Verbindung zwischen zwei U-Bahnlinien, nur weniger muffig und komplett mit Toten ausgekleidet. Du läufst hindurch und bist umgeben von ihnen, von Ex-Männern und Ex-Frauen mit nicht zueinander passenden Namen, hinterlegt mit ferner Herkunft, Migration und Völkermischung. Die äußere Wand besteht aus noch kleineren Grabstellen, Tausende von Grabnischen in der prallen Mittagssonne, ein Mosaik aus Geschichten, die eine kurze Weile währten und dann endeten. In der Sonne kann man ihre Gesichter besser erkennen. Es sind alles ganz normale Leute, mit ovalem Farbfoto, Dreiviertelprofil, das Brautkleid, neutraler Hintergrund des Fotostudios. Manchmal lacht jemand aus dem heruntergekurbelten Fenster des ersten Fiat 600 heraus, ein anderer hält einen Hund im Arm, wieder einer wurde aus einem Gruppenfoto ausgeschnitten und hat noch die Hand desjenigen in der Reihe hinter ihm auf der Schulter liegen. Die meisten Fotos aber sind einfache Passfotos, schnell gefertigte Mumienporträts aus dem Reproduktionszeitalter, Abbildungen von Verstorbenen ohne Familiengrab, ohne Schilderhäuschen.

---

* Bei gutem Wetter werde ich froh sein und die Natur und die Welt erneut begrüßen, denn nichts wird schlimm sein, alles wird in einem Wimpernschlag enden, und die Erde, die ich so sehr liebte, wird mich aufnehmen und mich zu einem Teil von ihr machen, ein Samenkorn neuer Verwandlung und neuen Lebens.

Und trotzdem hat diese Galerie nichts Trauriges, das Getöse der Straße lenkt den Spaziergänger ab. Genau hinter ihr verläuft die Via Costalunga. Die Mauer mit den Grabnischen endet an der Stelle, wo die Mauer eine Kurve beschreibt und zum Bolzplatz hinabführt. Man hört die Schreie der Kinder, die den Ball wollen – »heee!«, »pass auf!«, »zu mir!« –, die Erwiderungen aus voller Kehle, die Stollenschuhe, die beim Gegenangriff über den Belag knirschen, den Trainer, dessen Trillerpfeife kreischend die Luft zerreißt. Hier, inmitten des Spielgetümmels, von der Jugendmannschaft Costalunga nur durch eine zwei Meter hohe Mauer getrennt, im letzten Grab der nördöstlichen Ecke von Feld XXXIV liegt meine Oma Lisa. Wann immer ich sie hier oben besuchen komme, habe ich zwei Bilder im Kopf, immer dieselben. Das erste ist der Hügel, den Karen Blixen auswählte, um ihren Geliebten Dennis Finch-Hutton zu begraben, der vom Wind gestreichelte Hügel in »Jenseits von Afrika«, auf dem die Löwen sich zur Paarung treffen. Das zweite Bild ist die »Stadt der Toten« in Kairo, eine Gräberstadt, in der Millionen Menschen mit ihren Läden, Schulen und von Grab zu Grab gespannten Wäscheleinen wohnen. Meine Oma liegt auf einer Art Löwenberg, inmitten einer quicklebendigen Gräberstadt. Ihr Sarg wurde nicht in eine unterirdische Höhle herabgelassen, wie in den Hauptfeldern, sondern auf klassische Art vergraben. Darüber eine Marmorplatte, winzig wie sie. Drumherum hohes Gras. Luisa BARBERA verwitwete COVACICH * 17.12.1912 † 27.9.1976. Ich knie mich nieder, um sie von nahem zu betrachten: schwarze Haare, im Nacken von ihren Friseurinnenhänden aufgebauscht, Perlenkette, die lebenslustigen Augen, immer noch bereit aufzustehen und zu gehen. Ich berühre die Fotografie, küsse meine Fingerknöchel, schiebe die künstlichen Gerbera zurecht. Vom Bolzplatz tönen die Anweisungen des Platzwarts herüber, es scheint um eine Schranke zu gehen. Meine Enzyklopädie der Toten ist zu Ende.

Die Überführung von Nonna Lisa ins Beinhaus wird jedes Jahr verschoben. Ihr Feld scheint eine wundertätige Erde zu enthalten, ganz besondere geochemische Substanzen, natürliche antibakterielle Konservierungsstoffe, welche die Zersetzung der Leichen verlangsamen. Ich stelle sie mir oft als eine kleine ägyptische Mumie vor, die sich ohne jedes Öl, Salz, Bienenwachs oder Balsamharz konserviert. Eine tote kleine Frau, die von den Kindern jenseits der Mauer mit ihrem Gerenne und Geschrei niemals allein gelassen wird.

Italienische Literatur bei Wagenbach

Giulia Caminito Das Wasser des Sees ist niemals süß Roman
Eine Frage der Klasse: Radikal unversöhnlich erzählt Giulia Caminito von nicht eingelösten Aufstiegsversprechen und den enttäuschten Träumen einer ganzen Generation junger Italiener – ein berührender, zorniger, großer Anti-Bildungsroman.
Aus dem Italienischen von Barbara Kleiner
Quart*buch*. Gebunden mit Schutzumschlag. 320 Seiten

Michela Murgia Accabadora Roman
Eine Geschichte über Mutter und Tochter, wie sie noch nie erzählt worden ist. Ein Roman, in dem das archaische und das moderne Italien aufeinandertreffen.
Aus dem Italienischen von Julika Brandestini
WAT 768. Broschur. 176 Seiten

Francesca Melandri Eva schläft Roman
»Nur einmal in ihrem Leben konnte sich meine Mutter Gerda der Liebe eines Mannes gewiss sein, und ich der eines Vaters. All die anderen kamen und gingen wie ein Wolkenbruch im Sommer.«
Aus dem Italienischen von Bruno Genzler
WAT 805. Broschiert. 440 Seiten

Claudia Petrucci Die Übung Roman
Giorgia ist wieder ganz sie selbst. Nur manchmal macht sie Fehler, merkwürdige Dinge, die nicht im Skript stehen. Vielleicht müssen wir sie doch noch einmal schreiben ... Ein abgründiger Roman über brüchige Identitäten, männlichen Größenwahn und die durchlässige Grenze zwischen Liebe und Manipulation.
Aus dem Italienischen von Mirjam Bitter
Quart*buch*. Gebunden mit Schutzumschlag. 304 Seiten

Italienische Literatur bei Wagenbach

Francesca Melandri Über Meereshöhe Roman

Italien in den »bleiernen Jahren«, eine nach Salz, Feigen und Strohblumen duftende Gefängnisinsel, eine stürmische Nacht und eine unerwartete Begegnung: Francesca Melandri erzählt mit großer Sensibilität und poetischer Kraft vom bewegenden Schicksal zweier Familien.

Aus dem Italienischen von Bruno Genzler
WAT 812. Broschur. 208 Seiten.

Giulia Caminito Ein Tag wird kommen Roman

Eine italienische Familiengeschichte in Zeiten des aufkeimenden Faschismus, ein politischer Roman über Schuld und Anarchie, Widerstand und unverwüstliche Hoffnung – in einer Sprache, so zärtlich-rau wie die Liebe zwischen zwei Brüdern.

Aus dem Italienischen von Barbara Kleiner
WAT 852. Broschiert. 272 Seiten

Domenico Starnone Im Vertrauen Roman

Bis jetzt ist alles gut gegangen. Bis jetzt war er ein glücklicher Mensch. Bis jetzt hat sie ihn nicht verraten ... Ein trickreicher Roman über die Macht einer kleinen Vertraulichkeit – und die Gefahr, die verborgene Seite eines anderen zu kennen.

Aus dem Italienischen von Martin Hallmannsecker
SVLTO. Rotes Leinen. Fadengeheftet. 168 Seiten

Giovanni Verga Die Malavoglia Roman

Das Hauptwerk des großen italienischen Romanciers am Beginn der Moderne, in glänzender Neuübersetzung: Unvergesslich erzählt Giovanni Verga vom Niedergang einer angesehenen und eigentlich ehrenwerten Familie. Ein Bild des alten Sizilien von elementarer Wucht.

Mit einem Nachwort von Robert Saviano
Aus dem Italienischen neu übersetzt von Anna Leube
Okta*vheft*. Elegante Klappenbroschur. 320 Seiten

Nach Italien reisen ...

Tiziano Scarpa Venedig ist ein Fisch

Tiziano Scarpa führt uns durch seine Heimatstadt und lässt uns Venedigs Stadt- und unsere Körperteile neu entdecken.

Aus dem Italienischen von Olaf Matthias Roth
WAT 433. Broschiert. 120 Seiten

Roberto Alajmo Palermo ist eine Zwiebel

Achtung, Reisewarnung! Verkehrschaos, Mafia und nirgends ist das Meer zu sehen: Roberto Alajmo kann alle Klischees über seine aufregende Heimatstadt bestätigen – aber so charmant und witzig, dass man unbedingt sofort nach Palermo will.

Aus dem Italienischen von Karin Krieger und Moritz Rauchhaus
WAT 838. Broschiert. 176 Seiten

Giuseppe Culicchia Turin ist unser Haus

Reise durch die zwanzig Zimmer der Stadt

Fabrikstadt, nordländische Sparsamkeit, zynischer Fußball? Schon lange nicht mehr! Der Turiner Giuseppe Culicchia entführt in seine elegante Heimatstadt und bürstet die Klischees gegen den Strich – denn selbst die »Preußen Italiens« feiern mittlerweile öffentlich.

Aus dem Italienischen von Julika Brandestini
WAT 823. Broschiert. 240 Seiten

Dieter Richter Neapel

Biographie einer Stadt

Eine umfassende Kulturgeschichte Neapels von den vorchristlichen Anfängen über die »Grand Tour« bis heute. Leicht fasslich, mit vielen Neuentdeckungen und sogar: konkurrenzlos!

WAT 509. Broschiert. 304 Seiten

Noch mehr Italien …

Nach Italien! Anleitung für eine glückliche Reise
Eine Hand- und Kopfreichung für den Reisenden, der mit guten Vorsätzen, aber wenig Kenntnissen ins Land der Zitronen fährt.

Herausgegeben von Klaus Wagenbach
SVLTO. Rotes Leinen. Fadengeheftet. 144 Seiten mit vielen Abbildungen

Massimo Montanari Spaghetti al pomodoro
Kurze Geschichte eines Mythos
Maccheroni, Tagliatelle, Vermicelli … der große Historiker der europäischen Ernährungsgeschichte hat mit »gusto« ein kleines Meisterwerk über die Mutter aller italienischen Gerichte verfasst.

Aus dem Italienischen von Victoria Lorini
SVLTO. Rotes Leinen. Fadengeheftet. 144 Seiten mit vielen Abbildungen

Dieter Richter Con gusto
Die kulinarische Geschichte der Italiensehnsucht
Dieter Richter erzählt – wie immer kulinarisch und mit großer Kennerschaft – die Kulturgeschichte einer Begegnung: Wie die italienische Küche in den Norden kam und zur Zauberformel des guten Lebens wurde. Von Goethes Italienreise bis zur Mittelmeerdiät.

SVLTO. Rotes Leinen. Fadengeheftet. 168 Seiten mit vielen Abbildungen